Novelas Cortas para Aprender Francés

Historias cortas en Francés para principiantes

Lucas Garcia

Este libro se ha diseñado utilizando recursos de www.freepik.com

greenthumbpublishing@gmail.com

Contenido

Introducción

Leer en una lengua extranjera es una de las formas más eficaces de mejorar las habilidades lingüísticas y ampliar el vocabulario. Sin embargo, a veces puede ser difícil encontrar materiales de lectura atractivos y de un nivel adecuado que proporcionen una sensación de logro y de progreso. La mayoría de los libros y artículos escritos para hablantes nativos pueden ser demasiado largos y difíciles de entender o pueden tener un vocabulario de muy alto nivel, por lo que te sientes abrumado y te rindes. Si estos problemas le resultan familiares, ¡este libro es para usted!

Novelas Cortas para Aprender Francés es una colección de 25 historias cortas poco convencionales y entretenidas que están diseñadas para ayudar a los estudiantes de Francés de nivel principiante a intermedio a mejorar sus habilidades lingüísticas. Estas historias cortas crean un ambiente de apoyo a la lectura al incluir;

-contenido lingüístico rico en diferentes géneros para mantenerlo entretenido y exponerlo a una variedad de formas de palabras.
-Historias más cortas en capítulos para darle la satisfacción de terminar las historias y progresar rápidamente.
-Los textos están escritos a su nivel para que sean más fáciles de comprender y no abrumen.

Encontrarás la traducción al español en páginas alternas para que puedas consultarla directamente línea por línea mientras lees la historia en Francés.

El vocabulario clave aparece en negrita en la historia y en la traducción para ayudarle a entender más fácilmente las palabras que no conoce.

Preguntas para evaluar su comprensión de los acontecimientos clave y animarle a leer más a fondo.

Así que, tanto si quieres ampliar tu vocabulario como mejorar tu comprensión o simplemente leer por diversión, este libro es el mayor paso adelante que darás en tus estudios este año. Novelas Cortas para Aprender Francés te dará todo el apoyo que necesitas, así que siéntate, relájate y deja volar tu imaginación mientras te transportas a un mundo mágico de aventuras, misterio e intriga... ¡en Francés!

Cómo leer con eficacia

La lectura es un talento difícil de dominar. Utilizamos una serie de microhabilidades para ayudarnos a leer en nuestras lenguas maternas. Por ejemplo, podemos hojear un pasaje para entender a grandes rasgos el contenido. También podemos leer numerosas páginas de un horario de tren para buscar una hora o un lugar concretos. Mientras que estas microhabilidades son naturales cuando leemos en nuestra lengua materna, las investigaciones revelan que solemos olvidar la mayoría de ellas cuando leemos en una lengua extranjera. Cuando aprendemos una lengua extranjera, solemos empezar por el principio de un texto y nos abrimos paso a través de él, tratando de entender cada una de las palabras. Inevitablemente, nos encontramos con términos desconocidos o complejos y nos sentimos molestos por nuestra incapacidad para comprenderlos.

Una de las mayores ventajas de leer en una lengua extranjera es que se está expuesto a un gran número de frases y expresiones que se utilizan en situaciones cotidianas. La lectura extensiva es un término utilizado para describir la lectura por placer con el fin de aprender un idioma. No es como la lectura de un libro de texto, cuando las conversaciones o los textos están diseñados para ser leídos lenta y cuidadosamente con el objetivo de comprender cada palabra. "Lectura intensiva" se refiere a la lectura que se realiza para alcanzar objetivos específicos de aprendizaje o completar tareas. Dicho de otro modo, la lectura intensiva de libros de texto suele ayudar al aprendizaje de reglas gramaticales y vocabulario concreto, pero la lectura extensiva de cuentos ayuda al aprendizaje del lenguaje natural.

Aunque es posible que haya comenzado su viaje de aprendizaje de idiomas únicamente con libros de texto, le ofreceremos la oportunidad de aprender más sobre la lengua inglesa natural en uso. A continuación le ofrecemos algunas indicaciones que debe tener en cuenta al leer las historias de este libro para sacar el máximo provecho de ellas: Cuando se trata de leer, el disfrute y la sensación de logro son fundamentales. Uno sigue volviendo a por más porque disfruta con lo que lee. Leer cada historia de principio a fin es la mejor manera de disfrutar de la lectura de historias y sentirse realizado. Por eso, lo más importante es llegar al final de una historia. De hecho, es más crucial que saberse todas las palabras.

Cuanto más leas, más conocimientos adquirirás. Si lees libros largos por placer, comprenderás rápidamente cómo funciona el Francés. Sin embargo, ten en cuenta que para obtener todos los beneficios de la lectura extensiva, primero debes leer un volumen suficientemente importante. Leer unas pocas páginas aquí y allá puede enseñarle algunas palabras nuevas, pero no supondrá una diferencia significativa en su nivel general de Francés.

La guía de lectura

Para aprovechar al máximo la lectura de Short Stories in English for Intermediate Learners, lo mejor será que sigas este sencillo proceso de lectura en seis pasos para cada capítulo de los cuentos:

Lee el título del capítulo. Piensa en qué podría tratarse la historia. A continuación, lee la historia hasta el final. Tu objetivo es simplemente llegar al final de la historia. Por tanto, no te detengas a buscar palabras y no te preocupes si hay cosas que no entiendes. Simplemente intenta seguir la trama.

Cuando llegues al final de la historia, escudriña la traducción al español para ver si has entendido lo que ha sucedido y recoge el contexto que hayas podido perder.

Vuelve a leer la misma historia. Si quieres, puedes centrarte más en los detalles de la historia que antes, pero si no, simplemente vuelve a leerla.

A continuación, trabaja con las Comprehension Questionsen Francés para comprobar que has entendido los acontecimientos clave de la historia. Si no entiendes del todo las preguntas, no te preocupes. Utiliza tus conocimientos para responder lo mejor posible.

Llegados a este punto, debería comprender en cierta medida los principales acontecimientos del capítulo. Si no es así, puedes releer el capítulo varias veces utilizando la traducción para comprobar las palabras y frases desconocidas hasta que te sientas seguro.

Una vez que esté preparado y confíe en que entiende lo que ha sucedido -ya sea después de una o varias lecturas de la historia-, pase a la siguiente historia y siga disfrutando de ella a su propio ritmo, como haría con cualquier otro libro. Sólo una vez que haya completado una historia en su totalidad, debería considerar la posibilidad de volver atrás y estudiar el lenguaje de la historia con más profundidad, si así lo desea. O, en lugar de preocuparse por entenderlo todo, tómese el tiempo necesario para concentrarse en todo lo que ha entendido y felicitarse por todo lo que ha hecho.

Novelas Cortas

para Aprender Francés

Lucas Garcia

La Côte d'Azur

La Côte d'Azur Un lieu de luxe, de richesse et de **beauté**. C'était un endroit que j'avais toujours rêvé de visiter, et me voici maintenant. Mon mari, Mark, et moi étions en lune de miel, et nous étions déterminés à en profiter au maximum. Nous avions planifié chaque **détail** méticuleusement et tout se passait parfaitement. Nous sommes arrivés à l'aéroport de Nice et avons été emmenés dans une voiture avec chauffeur jusqu'à notre **hôtel** surplombant la mer Méditerranée. Le soleil se couchait à notre arrivée, et la vue depuis notre chambre était à couper le souffle. Nous avons rapidement déballé nos affaires avant de partir à la découverte de la ville. Les rues étaient animées par des gens qui profitaient de l'air chaud du soir. Nous avons erré sans but, en profitant des vues et des sons de ce lieu **magique**. Au détour d'une rue, sur une petite place, nous avons entendu de la **musique** provenant d'un café voisin. Nous nous sommes dirigés vers le café et avons vu qu'il était bondé de gens, tous appréciant la musique. Nous avons trouvé une table à l'arrière et nous nous sommes assis pour écouter. Le groupe jouait un mélange de chansons françaises et anglaises, et tout le monde semblait s'amuser.

La Riviera Francesa

La Riviera Francesa Un lugar de lujo, riqueza y **belleza**. Era un lugar que siempre había soñado visitar, y ahora aquí estoy. Mi marido, Mark, y yo estábamos de luna de miel y estábamos decididos a aprovecharla al máximo. Habíamos planeado meticulosamente cada **detalle** y todo iba a la perfección. Llegamos al aeropuerto de Niza y nos llevaron en un coche con chófer a nuestro **hotel** con vistas al mar Mediterráneo. El sol se ponía cuando llegamos, y la vista desde nuestra habitación era impresionante. Desempaquetamos rápidamente antes de bajar a explorar la ciudad. Las calles estaban llenas de gente disfrutando del cálido aire de la noche. Paseamos sin rumbo, disfrutando de las vistas y los sonidos de este lugar **mágico**. Al doblar una esquina en una pequeña plaza, oímos **música** procedente de un café cercano. Nos dirigimos al café y vimos que estaba lleno de gente, todos disfrutando de la música. Encontramos una mesa al fondo y nos sentamos a escuchar. El grupo tocaba una mezcla de canciones francesas e inglesas, y todo el mundo parecía estar pasándolo bien.

Mientras escuchábamos, no pudimos evitar fijarnos en un grupo de **hermosas** mujeres sentadas en una mesa cerca del frente. Estaban riendo y bromeando juntas,

Pendant que nous écoutions, nous n'avons pas pu nous empêcher de remarquer un groupe de **belles** femmes assises à une table près de l'entrée. Elles riaient et plaisantaient ensemble, s'amusant manifestement beaucoup. Il n'a pas fallu longtemps pour que l'attention de Mark se porte entièrement sur elles. Je pouvais le voir les regarder avec envie, et je savais ce qu'il pensait. Je me suis penchée vers lui et j'ai **murmuré** à son oreille : "Tu veux aller leur parler ?". Il a hoché la tête avec enthousiasme, alors j'ai pris sa main et l'ai conduit à leur table. Mark a commencé à discuter avec les femmes immédiatement, et elles nous ont rapidement inclus dans leur **conversation**. Elles nous ont dit qu'elles étaient mannequins et qu'elles étaient ici pour une séance photo qui aurait lieu demain matin sur l'un des yachts amarrés dans le **port**. Elles nous ont invitées à les rejoindre pour boire un verre plus tard dans la soirée, une fois la séance terminée. Après avoir terminé nos boissons, nous nous sommes dirigés vers l'endroit où se déroulait la fête sur **le yacht**. Il devait y avoir une centaine de personnes, qui se mêlaient aux autres, buvaient du champagne ou **dansaient** sur le pont sous les lumières féeriques accrochées autour du bateau. On se serait cru dans un film. Une des filles nous a repérés et est venue nous saluer à nouveau avant de nous entraîner sur la piste de danse, où nous avons dansé jusque tard dans la nuit.

claramente disfrutando enormemente. La atención de Mark no tardó en centrarse en ellas. Pude ver que las miraba con anhelo y supe lo que estaba pensando. Me incliné hacia él y le **susurré** al oído: "¿Quieres ir a hablar con ellos?". Asintió con entusiasmo, así que le cogí de la mano y le llevé hasta su mesa. Mark se puso a charlar con las mujeres inmediatamente, y pronto nos incluyeron en su **conversación**. Nos dijeron que eran modelos y que estaban aquí para una sesión de fotos que tendría lugar mañana por la mañana en uno de los yates amarrados en el **puerto**. Nos invitaron a tomar una copa esa misma noche, una vez terminada la sesión. Después de terminar nuestras bebidas, nos dirigimos a la fiesta del yate. Debía de haber unas 100 personas, todas mezcladas, bebiendo champán o **bailando** en la cubierta bajo las luces de colores que rodeaban el barco. Parecía algo sacado de una película. Una de las chicas nos vio y se acercó a saludarnos de nuevo antes de llevarnos a la pista de baile, donde bailamos hasta bien entrada la noche.

Questions de compréhension

1. Qu'est-ce que la Côte d'Azur ?

2. Quelle était la vue depuis la chambre d'hôtel ?

3. Quel genre de musique jouait l'orchestre ?

4. Quelles étaient les femmes qui intéressaient Mark ?

5. Que se passait-il sur le yacht ?

6. Comment le yacht se présentait-il après la transformation ?

7. Combien de personnes étaient présentes à la fête ?

8. Que représente la Côte d'Azur pour le couple ?

9. De quoi le couple est-il satisfait ?

10. Quelles sont les autres aventures que le couple envisage de vivre ?

Preguntas de comprensión

1. ¿Qué es la Costa Azul?

2. ¿Cuál era la vista desde la habitación del hotel?

3. ¿Qué tipo de música tocaba la banda?

4. ¿Cuáles eran las mujeres en las que se interesaba Marcos?

5. ¿Qué estaba ocurriendo en el yate?

6. ¿Cómo quedó el yate después de la transformación?

7. ¿Cuántas personas había en la fiesta?

8. ¿Qué es la Costa Azul para la pareja?

9. ¿Con qué se conforma la pareja?

10. ¿Qué otras aventuras piensa vivir la pareja?

Bœuf bourguignon

C'était une nuit sombre et **orageuse**. Le vent hurlait dans les arbres, faisant voler les feuilles et les branches dans les airs. Au loin, le tonnerre grondait comme une bête en colère. Bœuf Bourguignon frissonnait dans sa petite cabane, blotti sous une mince **couverture**. Il savait qu'il aurait dû se coucher tôt, mais il était tellement excité à l'idée de préparer son fameux plat pour le dîner du lendemain qu'il n'a pas pu résister à l'envie de rester debout un peu plus longtemps pour travailler dessus. Il le regrette maintenant en écoutant le **vent** hurler et en pensant à tous les invités qui viendront demain. Seront-ils capables de passer à travers la tempête ? Il l'espère, car cela fait des semaines qu'il attend ce **dîner avec impatience**. Ce serait une occasion **spéciale**, sa première chance de montrer ses talents culinaires à certaines des personnes les plus influentes de la ville. Il avait travaillé dur pour perfectionner sa recette de bœuf bourguignon et était convaincu qu'il impressionnerait **tous ceux** qui le goûteraient. Demain soir ne pouvait pas arriver assez tôt.

Le lendemain, le Bœuf Bourguignon se réveilla au son de la **pluie qui** tapait contre sa **fenêtre**. Il grogne et tire la couverture sur sa tête, essayant de bloquer le bruit.

Boeuf bourguignon

Era una noche oscura y **tormentosa**. El viento aullaba entre los árboles, lanzando hojas y ramas por el aire. A lo lejos, los truenos retumbaban como una bestia furiosa. Boeuf Bourguignon temblaba en su pequeña cabaña, acurrucado bajo una fina **manta**. Sabía que debería haberse acostado temprano, pero estaba tan entusiasmado con la preparación de su famoso plato para la cena de mañana que no pudo resistirse a quedarse despierto un poco más para trabajar en él. Ahora se arrepentía mientras escuchaba el aullido **del viento** y pensaba en todos los invitados que vendrían mañana. ¿Serán capaces de atravesar la tormenta? Esperaba que sí, porque llevaba semanas esperando esa **cena**. Iba a ser una ocasión especial, su primera oportunidad de mostrar sus habilidades culinarias a algunas de las personas más influyentes de la ciudad. Había trabajado duro para perfeccionar su receta de Boeuf Bourguignon y estaba seguro de que impresionaría a **todos los** que la probaran. La noche de mañana no podía llegar lo suficientemente pronto.

Al día siguiente, Boeuf bourguignon se despertó con el sonido de la **lluvia golpeando** su **ventana**. Se quejó y se tapó la cabeza con la manta, intentando tapar el ruido. Estaba claro que iba a ser un día lluvioso. Pero

La journée s'annonçait pluvieuse, c'était clair. Mais il n'avait pas de temps à perdre à s'apitoyer sur son sort, il avait un dîner à préparer ! Il se leva et commença à s'affairer dans sa petite cabane, préparant tout pour le grand **événement de** ce soir. Son cœur battait la chamade tandis qu'il **coupait les** légumes et remuait la marmite de ragoût qui allait devenir son fameux plat. Tout devait être parfait s'il voulait faire bonne impression sur ses invités. À la tombée de la nuit, le bœuf bourguignon entend le bruit des roues d'un chariot qui s'approche sous la pluie. Le cœur battant, il se dépêche d'allumer des bougies et de mettre la touche finale à son repas. Les invités sont là. Le dîner a été un **succès** au-delà des rêves les plus fous du Bœuf Bourguignon. Son plat a reçu des critiques élogieuses, et même les invités les plus critiques ont dû admettre qu'il était **délicieux**. Il rayonne de fierté en acceptant leurs compliments, sentant qu'il est enfin arrivé en tant que chef.

Ce n'était que le début. Désormais, son nom serait connu dans le monde entier pour ses talents culinaires. Il pourrait même devenir célèbre un jour. Mais pour l'instant, il se contente de profiter du moment présent et de savourer sa victoire durement gagnée. La tempête est passée depuis longtemps, mais le **souvenir** de cette nuit fatidique **hante** toujours **le** Bœuf Bourguignon.

no tenía tiempo para perderlo lamentándose: ¡tenía que preparar una cena! Se levantó y empezó a moverse por su pequeña cabaña, preparándolo todo para el gran **evento de** esta noche. Su corazón se aceleraba mientras **picaba** verduras y removía la olla de guiso que se convertiría en su famoso plato. Todo tenía que estar perfecto si quería causar una buena impresión a sus invitados. Cuando empezó a caer la noche, el Boeuf bourguignon oyó el sonido de las ruedas de un carruaje acercándose a través de la lluvia. Su corazón se aceleró mientras se apresuraba a encender algunas velas y dar los últimos toques a su comida. Los invitados habían llegado. La cena fue un **éxito** más allá de los sueños de Boeuf bourguignon. Su plato fue recibido con críticas muy favorables, e incluso el más crítico de los invitados tuvo que admitir que estaba **delicioso**. Se sintió orgulloso al aceptar los cumplidos, sintiendo que por fin había llegado a ser un chef.

Esto era sólo el **principio: a partir de** ahora, su nombre sería conocido por todas partes por sus habilidades culinarias. Incluso podría llegar a ser famoso algún día. Pero por ahora, se contentaba con disfrutar del momento y saborear su victoria, que tanto le había costado conseguir. La tormenta ya había pasado, pero el **recuerdo** de aquella fatídica noche seguía **atormentando** al Boeuf bourguignon.

Questions de compréhension

1. Quel est le nom du plat que le protagoniste prépare ?

2. Pour quel genre d'événement le protagoniste prépare-t-il le plat ?

3. Pourquoi le plat du protagoniste est-il spécial ?

4. Que pense le protagoniste de ce dîner ?

5. A quel bruit le protagoniste se réveille-t-il ?

6. Comment le protagoniste réagit-il en entendant ce bruit ?

7. Quel est l'objectif du protagoniste pour le dîner ?

8. Le dîner se déroule-t-il comme prévu ?

9. Comment le protagoniste se sent-il après le dîner ?

10. Que devient le protagoniste ?

Preguntas de comprensión

1. ¿Cómo se llama el plato que prepara el protagonista?

2. ¿Para qué tipo de evento está preparando el protagonista el plato?

3. ¿Por qué es especial el plato del protagonista?

4. ¿Cómo se siente el protagonista en la cena?

5. ¿Qué sonido despierta el protagonista?

6. ¿Cómo reacciona el protagonista al oír el sonido?

7. ¿Cuál es el objetivo del protagonista para la cena?

8. ¿La cena se desarrolla según lo previsto?

9. ¿Cómo se siente el protagonista después de la cena?

10. ¿Qué pasa con el protagonista?

La révolution française

C'était une nuit sombre et orageuse. C'était le genre de nuit qui vous fait croire que tout peut arriver. Et cette nuit-là, en 1789, il s'est passé quelque chose. C'était le début de la Révolution française. Le peuple français était **malheureux** depuis de nombreuses années. Ils étaient fatigués d'être gouvernés par un roi qui se souciait plus de lui-même que de ses sujets. Ils en avaient assez d'être taxés pour payer son style de vie **somptueux** alors qu'ils avaient du mal à joindre les deux bouts. Et ils étaient surtout fatigués de voir leurs amis et leurs familles mourir dans des guerres qu'il avait déclenchées juste pour le plaisir. Trop, c'est trop ! En cette nuit fatidique, un groupe d'hommes et de femmes **courageux** se sont rassemblés dans le centre de Paris pour demander à leur roi de changer. Ils voulaient la démocratie et l'**égalité**, et ils étaient prêts à se battre pour cela si nécessaire. Au fur et à mesure que la nouvelle se répandait dans la ville, de plus en plus de personnes se joignaient à la foule grandissante, jusqu'à ce qu'il y ait une armée en son sein, prête à affronter quiconque tenterait de les arrêter. Le roi, bien sûr, n'était pas prêt à abandonner son **pouvoir** sans se battre. Il a fait appel aux militaires pour réprimer le

La revolución francesa

Era una noche oscura y tormentosa. Era el tipo de noche que te hacía creer que podía pasar cualquier cosa. Y en esta noche en particular, en el año 1789, algo sucedió. Fue el comienzo de la Revolución Francesa. El pueblo de Francia estaba **descontento desde hacía** muchos años. Estaban cansados de ser gobernados por un rey que se preocupaba más por sí mismo que por sus súbditos. Estaban cansados de que les cobraran impuestos para pagar su **fastuoso** estilo de vida mientras ellos luchaban por llegar a fin de mes. Y, sobre todo, estaban cansados de ver morir a sus amigos y familiares en guerras que él iniciaba sólo por diversión. Ya era suficiente. En esa fatídica noche, un grupo de hombres y mujeres **valientes se** reunieron en el centro de París para exigir un cambio a su rey. Querían democracia e **igualdad,** y estaban dispuestos a luchar por ello si era necesario. A medida que se corrió la voz por la ciudad, más y más gente se unió a la creciente multitud, hasta que hubo un ejército en su núcleo, listo para enfrentarse a cualquiera que intentara detenerlos. El rey, por supuesto, no estaba dispuesto a renunciar a su **poder** sin luchar. Llamó a los militares para que sofocaran el levantamiento, pero

soulèvement, mais ils ont rapidement été **dépassés par le nombre** et par les révolutionnaires. Les gens se sont battus avec passion et détermination, et en quelques jours, ils ont pris le contrôle de la ville.

La révolution a commencé ! Pendant des mois, les **combats** se poursuivent alors que les révolutionnaires tentent de diffuser leur **message** dans toute la France. Ils se heurtent à la résistance de ceux qui soutiennent encore le roi, mais ils finissent par gagner suffisamment de cœurs et d'esprits pour faire de réels progrès. Finalement, après des années de lutte, la démocratie est déclarée victorieuse et le roi Louis XVI est **renversé**. La Révolution française était terminée... du moins c'est ce qu'il semblait. Malheureusement, la nouvelle démocratie n'a pas duré longtemps. Le peuple est divisé sur le type de gouvernement qu'il souhaite, et une nouvelle guerre civile éclate rapidement. Cette fois, elle a été encore **plus sanglante** que la première, les **frères** se battant les uns contre les autres. Le pays est dans le chaos, mais de ce chaos, un nouveau leader émerge. Il s'appelait Napoléon Bonaparte, et il a rapidement accédé au pouvoir en promettant d'apporter l'ordre à cette nation **chaotique**. Et pendant un temps, il semblait qu'il allait réussir.

pronto se vieron **superados en número** e intensidad por los revolucionarios. El pueblo luchó con pasión y determinación, y en pocos días se hizo con el control de la ciudad.

¡La revolución ha comenzado! Durante meses, la **lucha** continuó mientras los revolucionarios intentaban difundir su **mensaje** por toda Francia. Se encontraron con la resistencia de los que todavía apoyaban al rey, pero finalmente se ganaron suficientes corazones y mentes para lograr un progreso real. Finalmente, tras años de lucha, la democracia fue declarada victoriosa y el rey Luis XVI fue **derrocado**. La Revolución Francesa había llegado a su fin... o eso parecía. Por desgracia, la nueva democracia no duró mucho. El pueblo estaba dividido sobre el tipo de gobierno que quería, y en poco tiempo hubo otra guerra civil. Esta vez, fue aún **más sangrienta** que la primera, ya que **el hermano** luchó contra el hermano. El país era un caos, pero de ese caos surgió un nuevo líder. Su nombre era Napoleón Bonaparte, y rápidamente ascendió al poder prometiendo poner orden en la **caótica** nación. Y durante un tiempo, pareció que lo conseguiría.

Questions de compréhension

1. Qu'est-ce que la Révolution française ?

2. Pourquoi le peuple français était-il mécontent ?

3. Que voulait le peuple de son roi ?

4. Que s'est-il passé lors de la nuit fatidique ?

5. Qui était Napoléon Bonaparte ?

6. Qu'a fait Napoléon pour la France ?

7. Pourquoi les ennemis de Napoléon se sont-ils soulevés contre lui ?

8. Quel a été l'héritage de la Révolution française ?

9. Que dit le texte sur la démocratie ?

10. Que dit le texte sur la place de la Révolution française dans l'histoire ?

Preguntas de comprensión

1. ¿Qué fue la Revolución Francesa?

2. ¿Por qué el pueblo de Francia estaba descontento?

3. ¿Qué quería el pueblo de su rey?

4. ¿Qué ocurrió en la fatídica noche?

5. ¿Quién era Napoleón Bonaparte?

6. ¿Qué hizo Napoleón por Francia?

7. ¿Por qué se levantaron los enemigos de Napoleón contra él?

8. ¿Cuál fue el legado de la Revolución Francesa?

9. ¿Qué dice el texto sobre la democracia?

10. ¿Qué dice el texto sobre el lugar que ocupa la Revolución Francesa en la historia?

Monet

Le soleil se couche, et le ciel s'embrase de couleurs.
Monet était assis sur la rive de la **rivière**, peignant la
scène devant lui. La lumière dansait sur l'eau, créant
un **millier de** teintes différentes. Le pinceau de Monet
volait sur la toile, capturant tout. Il a toujours été
attiré par la couleur. Enfant, il passait des heures à
contempler des **arcs-en-ciel** et des couchers de soleil.
Sa mère avait l'habitude de lui dire qu'il était né avec
un **pinceau à** la main. Et elle avait raison : dès son plus
jeune âge, Monet savait qu'il voulait être un artiste. À
vingt-cinq ans, il était l'un des peintres les plus célèbres
de France. Il avait exposé ses œuvres à Paris et à
Londres, et ses peintures étaient recherchées par les
collectionneurs de toute l'Europe. Mais quel que soit
son succès, Monet est toujours resté humble ; pour lui,
l'art n'était pas une question de gloire ou de fortune
- il s'agissait simplement d'exprimer la beauté par la
couleur.

Ce soir, Monet peignait l'un de ses sujets favoris : la
Seine. Il avait toujours été fasciné par la façon dont
l'**eau** changeait de couleur selon l'heure du jour et
les conditions **météorologiques.** C'était comme une
toile vivante, en constante évolution. Il plongea son
pinceau dans la **peinture** et commença à travailler.

Monet

El sol se ponía y el cielo ardía de colores. Monet
se sentó en la orilla del **río**, pintando la escena que
tenía delante. La luz baila sobre el agua, creando **mil**
matices diferentes. El pincel de Monet volaba por el
lienzo, capturándolo todo. Siempre se sintió atraído
por el color. De niño, se pasaba horas mirando el **arco
iris** y las puestas de sol. Su madre le decía que había
nacido con un **pincel** en la mano. Y tenía razón: desde
muy joven, Monet sabía que quería ser artista. A los
veinticinco años, era uno de los pintores más célebres
de Francia. Había expuesto su obra en París y Londres,
y sus cuadros eran buscados por **coleccionistas de
toda** Europa. Pero por mucho éxito que alcanzara,
Monet siempre se mantuvo humilde; para él, el
arte no tenía que ver con la fama o la fortuna, sino
simplemente con la expresión de la belleza a través **del
color**.

Esta noche, Monet estaba pintando uno de sus temas
favoritos: el río Sena. Siempre le había fascinado la
forma en que el **agua** cambiaba de color según la hora
del día y las condiciones meteor**ológicas**. Era como
un lienzo vivo, en constante evolución. Sumergió el
pincel en la **pintura** y empezó a trabajar. La luz se
desvanecía rápidamente, pero no le importaba; le
encantaba pintar en las horas del crepúsculo. Había

La lumière déclinait rapidement, mais cela ne le dérangeait pas ; il aimait peindre au crépuscule. Il y avait quelque chose de **magique**, comme si tout était possible. Soudain, il entendit des bruits de pas derrière lui. Il se retourne pour voir une jeune femme marcher vers lui. Elle semblait perdue et confuse, et Monet ne pouvait s'empêcher d'être attiré par elle. Alors qu'elle se rapprochait, Monet a pu voir qu'elle était très **belle**. Elle avait de longs **cheveux** noirs et des yeux bleus perçants. Elle lui rappelait quelqu'un... mais il n'arrivait pas à savoir qui c'était.

"Excusez-moi", dit-elle doucement, "Savez-vous où je suis ?" "Vous êtes en France", répond Monet en souriant, "mais plus précisément, vous vous trouvez devant mon chevalet". La femme a l'air **surprise**. Je suis désolée, je ne voulais pas m'imposer... Je cherche juste quelqu'un. "Qui cherchez-vous ?" demande Monet avec curiosité. "Je m'appelle Anna", répond-elle. "Je cherche un **artiste** qui s'appelle Claude Monet." Le coeur de Monet a fait un bond quand il l'a entendue dire son nom. Serait-ce la même Anna qu'il avait connue autrefois ? Il ne l'avait pas vue depuis qu'ils étaient tous deux **enfants**. Mais ça ne peut pas être une coïncidence, n'est-ce pas ? Sans un mot de plus, Monet remballe ses peintures et ses pinceaux. Puis, sans réfléchir davantage, il prend la main d'Anna et l'emmène loin de la rive. Ils **marchent dans les** rues de Paris jusqu'à ce qu'ils atteignent son **atelier**.

algo **mágico** en ello, como si todo fuera posible. De repente, oyó unos pasos detrás de él. Se dio la vuelta y vio a una mujer joven caminando hacia él. Parecía perdida y confusa, y Monet no pudo evitar sentirse atraído por ella. Al acercarse, Monet pudo ver que era muy **hermosa**. Tenía el **pelo** largo y oscuro y unos ojos azules penetrantes. Le recordaba a alguien... pero no sabía quién era.

"Disculpe", dijo ella en voz baja, "¿Sabe usted dónde estoy?". "Está usted en Francia", respondió Monet con una sonrisa, "pero más concretamente, está usted delante de mi caballete". La mujer parece **sorprendida**. Lo siento, no quería molestar... Sólo estoy buscando a alguien. "¿A quién busca?", preguntó Monet con curiosidad. "Me llamo Anna", respondió ella. "Busco a un **artista** llamado Claude Monet". A Monet le dio un vuelco el corazón cuando la oyó decir su nombre. ¿Podría ser la misma Anna que conoció una vez? No la había visto desde que ambos eran **niños**. Pero no podía ser una coincidencia, ¿verdad? Sin decir nada más, Monet recogió sus pinturas y pinceles. Y luego, sin pensarlo más, tomó la mano de Anna y la alejó de la orilla del río. **Caminaron** por las calles de París hasta llegar a su **estudio**.

Questions de compréhension

1. Que représente l'art pour Monet ?

2. Pourquoi Monet est-il attiré par la femme qu'il rencontre ?

3. À quoi cette femme lui fait-elle penser ?

4. Où Monet emmène-t-il la femme qu'il rencontre ?

5. Comment Monet connaît-il la femme qu'il rencontre ?

6. Quel est le sujet que Monet préfère peindre ?

7. À quel moment de la journée Monet préfère-t-il peindre ?

8. Dans quel autre lieu l'œuvre de Monet est-elle exposée ?

9. Que pense Monet de son succès ?

10. Quand Monet a-t-il vu la femme qu'il rencontre pour la dernière fois ?

Preguntas de comprensión

1. ¿Qué dice Monet que es el arte para él?

2. ¿Por qué Monet se siente atraído por la mujer que conoce?

3. ¿A qué le recuerda la mujer?

4. ¿Dónde lleva Monet a la mujer que conoce?

5. ¿Cómo conoce Monet a la mujer que conoce?

6. ¿Cuál es el tema favorito de Monet para pintar?

7. ¿A qué hora del día prefiere pintar Monet?

8. ¿En qué otro lugar se expone la obra de Monet?

9. ¿Cómo se siente Monet ante su éxito?

10. ¿Cuándo vio Monet por última vez a la mujer con la que se encuentra?

Le festival du film de Cannes

Le Festival de Cannes est l'un des événements les plus **prestigieux** de l'industrie cinématographique. Chaque année, la crème de la crème d'Hollywood descend sur la Côte d'Azur pour deux semaines de paillettes, de glamour et de **magie** cinématographique. Cette année n'a pas dérogé à la règle, puisque des vedettes du monde entier sont venues participer à ce que l'on appelle désormais "l'expérience ultime du festival du film". Pour l'actrice en herbe Lily James, participer au festival de Cannes était un rêve devenu réalité. Elle a toujours voulu faire partie de l'**action** et voir de près comment les plus grands noms d'Hollywood opèrent. Aussi, lorsqu'elle a reçu une invitation à participer au **festival de** cette année en tant qu'invitée de son ami et camarade acteur Ryan Gosling, elle n'a pas pu dire non. Lily est arrivée le premier jour du festival et s'est immédiatement sentie comme un **poisson** hors de l'eau. Elle n'avait pas l'habitude d'être entourée de tant de richesse et de luxe. Mais elle s'est vite retrouvée au cœur de l'effervescence, profitant de chaque minute de son séjour à Cannes. Elle a assisté à des soirées organisées par de **grands** studios, a côtoyé les plus grandes stars d'Hollywood et a même décroché un rôle

Festival de cine de Cannes

El Festival de Cannes es uno de los acontecimientos más **prestigiosos de la** industria cinematográfica. Cada año, los mejores y más brillantes de Hollywood acuden a la Riviera Francesa durante dos semanas de brillo, glamour y **magia** cinematográfica. Este año no fue diferente, ya que las estrellas de todo el mundo acudieron a participar en lo que se conoce como "la experiencia definitiva del festival de cine". Para la aspirante a actriz Lily James, asistir a Cannes era un sueño hecho realidad. Siempre había querido formar parte de la **acción** y ver de primera mano cómo operan los grandes nombres de Hollywood. Por eso, cuando recibió una invitación para asistir al **festival** de este año como invitada de su amigo y también actor Ryan Gosling, no pudo decir que no. Lily llegó el primer día del festival e inmediatamente se sintió como un **pez** fuera del agua. No estaba acostumbrada a estar rodeada de tanta riqueza y lujo. Pero pronto se vio envuelta en toda la emoción, disfrutando cada minuto de su estancia en Cannes. Asistió a fiestas organizadas por los **grandes** estudios, se codeó con algunas de las mayores estrellas de Hollywood e incluso consiguió un codiciado papel en una película de gran éxito dirigida

convoité dans une superproduction à venir, réalisée par Quentin Tarantino lui-même ! C'était tout ce dont elle aurait pu rêver, et plus encore.

Les jours suivants se sont écoulés dans un flou total pour Lily. Elle se levait tôt chaque **matin**, assistait à des conférences de presse et à des événements sur le tapis rouge pendant la journée, puis se rendait aux soirées le soir. Elle en appréciait chaque minute, mais elle commençait aussi à se sentir un peu **dépassée**. Un soir, elle s'est retrouvée assise au bord du **balcon de** son hôtel, à contempler les lumières scintillantes de Cannes. Tout était si beau, mais aussi si écrasant. Soudain, elle a senti quelqu'un s'asseoir à côté d'elle et poser une main **réconfortante** sur son épaule. C'était Ryan Gosling. Il avait gardé un œil sur elle de loin et pouvait voir qu'elle commençait à être dépassée par les événements. Il a donc décidé d'aller la voir et de s'assurer qu'elle allait **bien**. Ils sont restés assis ensemble pendant un moment, à discuter et à profiter de la compagnie de l'autre sous les étoiles"("Je suis si heureux que tu sois là, Lily", a finalement dit Ryan. Ce festival peut être très difficile à gérer, mais c'est aussi une **expérience** incroyable. Je suis juste heureux que tu puisses la partager avec moi. "

por el mismísimo Quentin Tarantino. Era todo lo que podía soñar y más.

Los días siguientes transcurrieron como un borrón para Lily. Se levantaba temprano cada **mañana**, asistía a las conferencias de prensa y a los eventos de la alfombra roja durante el día, y luego iba a las fiestas por la noche. Le encantaba cada minuto, pero también empezaba a sentirse un poco **abrumada**. Una noche, se encontró sentada en el borde del **balcón de** su hotel, contemplando las luces parpadeantes de Cannes. Todo era tan hermoso, pero también tan abrumador. De repente, sintió que alguien se sentaba a su lado y le ponía una mano **reconfortante** en el hombro. Era Ryan Gosling. La había estado vigilando desde lejos y se dio cuenta de que empezaba a sentirse abrumada por todo. Así que decidió comprobar si estaba **bien**. Se sentaron juntos durante un rato, simplemente hablando y disfrutando de la compañía del otro bajo las estrellas"("Me alegro mucho de que estés aquí, Lily", dijo Ryan finalmente. Este festival puede ser mucho, pero también es una **experiencia** increíble. Me alegro de que puedas compartirla conmigo. "

Questions de compréhension

1. Qu'est-ce que le Festival de Cannes ?

2. Quelle est l'importance du Festival de Cannes ?

3. Qui a participé au Festival du film de Cannes cette année ?

4. Quelle a été l'expérience de Lily James au Festival de Cannes ?

5. Comment Ryan Gosling a-t-il aidé Lily James au Festival de Cannes ?

6. Qu'ont fait Lily James et Ryan Gosling à la fin du festival ?

7. Qu'est-il arrivé à Lily James après le Festival de Cannes ?

8. Quel est le film dans lequel Lily James a joué après le Festival de Cannes ?

9. Comment le film s'est-il comporté après sa sortie ?

Preguntas de comprensión

1. ¿Qué es el Festival de Cannes?

2. ¿Qué importancia tiene el Festival de Cannes?

3. ¿Quiénes han asistido este año al Festival de Cannes?

4. ¿Cómo fue la experiencia de Lily James en el Festival de Cannes?

5. ¿Cómo ayudó Ryan Gosling a Lily James en el Festival de Cannes?

6. ¿Qué hicieron Lily James y Ryan Gosling al final del festival?

7. ¿Qué pasó con Lily James después del Festival de Cannes?

8. ¿Cuál fue la película que protagonizó Lily James tras el Festival de Cannes?

9. ¿Cómo le fue a la película después de su estreno?

Camembert

La première fois que j'ai goûté du camembert, c'était lors d'un voyage en France avec ma famille. Nous séjournions dans un petit **village de** la vallée de la Loire et, un soir, nous avons décidé de nous rendre à la fromagerie locale. Le commerçant nous a accueillis chaleureusement et nous a offert à chacun un morceau de ce fromage doux et **crémeux** sur une baguette croustillante. C'était le coup de foudre. Depuis lors, j'ai toujours eu un faible pour le camembert. Chaque fois que je le vois sur un menu ou à l'épicerie, je ne peux pas résister à l'envie de l'acheter. Même s'il n'est pas vraiment **bon marché**, il vaut chaque centime pour ce moment de pur bonheur où l'on prend la première bouchée. Ce soir, je m'offre un dîner spécial composé de poulet **rôti** maison, de pommes de terre au romarin et, bien sûr, de camembert cuit dans son petit plat **en céramique**. Rien que d'y penser, j'en ai l'eau à la bouche. Je mets la table avec mes meilleures assiettes et mes meilleurs verres, j'allume une bougie et je me sers un verre de vin blanc. Puis je me dirige vers la cuisine pour vérifier la nourriture. Le **poulet** était presque prêt, alors je l'ai mis sous le gril pour le faire dorer quelques minutes. Les pommes de terre sont croustillantes et dorées, comme je les aime. Et le camembert commence à suinter de sa croûte - parfait !

Camembert

La primera vez que probé el Camembert fue en un viaje a Francia con mi familia. Estábamos en un pequeño **pueblo del** Valle del Loira y una noche decidimos entrar en la quesería local. El tendero nos saludó cordialmente y nos ofreció a cada uno un trozo del suave y **cremoso** queso sobre una crujiente baguette. Fue amor al primer bocado. Desde entonces, siempre he sentido predilección por el Camembert. Cada vez que lo veo en un menú o en el supermercado, no puedo resistirme a comprarlo. Aunque no es precisamente **barato**, vale la pena cada céntimo por ese momento de pura felicidad cuando das el primer mordisco. Esta noche me voy a regalar una cena especial de pollo **asado** casero con patatas al romero y, por supuesto, Camembert horneado en su propia fuente **de cerámica**. Sólo de pensarlo se me hace la boca agua. Pongo la mesa con mis mejores platos y vasos, enciendo una vela y me sirvo una copa de vino blanco. Luego me dirijo a la cocina para ver cómo está la comida. El **pollo** estaba casi listo, así que lo pongo bajo la parrilla para que se dore durante unos minutos. Las patatas están crujientes y doradas, justo como me gustan. Y el Camembert empieza a rezumar de su corteza, ¡perfecto!

J'ai tout mis dans mon assiette et je me suis assis à la table. Prendre cette première bouchée de fromage est un pur **délice...** meilleur que n'importe quel repas de restaurant que j'ai pu manger ! Alors que je savoure chaque morceau de nourriture dans mon assiette, je sais que c'est un dîner dont je me souviendrai toujours avec émotion. Ce soir, je partage mon amour du camembert avec mes propres enfants. Ils n'en ont jamais mangé auparavant, alors je suis impatiente de voir leur **réaction**. Comme prévu, ils sont tous deux sceptiques à la première bouchée. Mais après quelques bouchées supplémentaires (et un peu de conviction de ma part), ils sont tous les deux accros ! Il semble que nous aurons plus souvent du camembert au dîner à partir de maintenant. Mes goûts changent et évoluent avec l'âge. Mais une chose qui est restée constante, c'est mon **amour** pour le camembert. Ces jours-ci, j'aime **expérimenter** avec différentes recettes et associations. Je l'ai essayé avec toutes sortes de fruits, de confitures et même de **charcuterie**. C'est toujours délicieux !

Lo puse todo en mi plato y me senté a la mesa. Tomar el primer bocado de queso es **el cielo...** ¡mejor que cualquier comida de restaurante que haya probado! Mientras saboreo hasta el último trozo de comida en mi plato, sé que ésta será una cena que siempre recordaré con cariño. Esta noche, voy a compartir mi amor por el Camembert con mis propios hijos. Nunca lo han probado, así que estoy deseando ver su **reacción.** Como era de esperar, ambos son escépticos al primer bocado. Pero después de unos cuantos bocados más (y de que yo los convenza), ¡los dos están enganchados! Parece que a partir de ahora cenaremos Camembert más a menudo. Mis gustos cambian y evolucionan con la edad. Pero una cosa que ha permanecido constante es mi **amor** por el Camembert. Hoy en día, me gusta **experimentar** con diferentes recetas y maridajes. Lo he probado con todo tipo de frutas, mermeladas e incluso **embutidos**. Siempre es delicioso.

Questions de compréhension

1. Quel est le premier souvenir de l'auteur concernant le camembert ?

2. Que fait le commerçant lorsque l'auteur et sa famille entrent dans la fromagerie ?

3. Que dit l'auteur du camembert par rapport aux plats du restaurant ?

4. Qu'est-ce que l'auteur fait de différent avec le camembert quand elle se sent aventureuse ?

5. Comment l'auteur mange-t-il habituellement le camembert ?

6. Que dit l'auteur du goût du camembert ?

7. Que pense l'auteur du prix du camembert ?

8. Où l'auteur dit-elle avoir mangé du camembert pour la première fois ?

9. Quelle est l'opinion de l'auteur sur le camembert ?

10. Qu'est-ce que le camembert rappelle à l'auteur ?

Preguntas de comprensión

1. ¿Cuál es el primer recuerdo que tiene el autor del Camembert?

2. ¿Qué hizo el tendero cuando la autora y su familia entraron en la fromagerie?

3. ¿Qué dice el autor sobre el Camembert en comparación con las comidas de los restaurantes?

4. ¿Qué hace la autora de forma diferente con Camembert cuando se siente aventurera?

5. ¿Cómo suele comer el autor el Camembert?

6. ¿Qué dice el autor sobre el sabor del Camembert?

7. ¿Qué dice el autor sobre el precio del Camembert?

8. ¿Dónde dice la autora que comió por primera vez Camembert?

9. ¿Cuál es la opinión del autor sobre el Camembert?

10. ¿A qué recuerda el Camembert al autor?

Le Louvre

Le Louvre était autrefois un grand **palais**, où vivaient les rois et les reines de France. Mais aujourd'hui, c'est un musée, rempli d'art et d'histoire. Les visiteurs viennent du monde entier pour voir la Joconde, la Vénus de Milo et d'autres œuvres d'art célèbres. Mais il y a une peinture qui n'est pas exposée. Elle est cachée dans une pièce **secrète**, au plus profond du Louvre. Cette peinture s'appelle "La Cène". Il a été peint par Léonard de Vinci, mais il n'a jamais été terminé. Certains disent que Léonard de Vinci l'a laissé inachevé parce qu'il savait qu'un jour il vaudrait plus que n'importe quel autre **tableau** dans le monde. Personne ne sait avec certitude pourquoi le tableau est **caché**. Mais certains pensent qu'elle contient un **message** secret de De Vinci lui-même. Un message qui pourrait changer le monde à jamais. Le Louvre est l'une des destinations touristiques les plus populaires de Paris. Mais ce jour-là, il n'y a qu'un seul visiteur. Une jeune femme nommée Sarah. Elle est venue voir le tableau de la Cène. Sarah sait que le tableau est **inachevé**. Mais elle sait aussi qu'il contient un message caché. Un message de Léonard de Vinci lui-même.

Elle a étudié le tableau pendant des années et elle

El Louvre

El Louvre fue una vez un gran **palacio**, hogar de reyes y reinas franceses. Pero ahora es un museo, lleno de arte e historia. Los visitantes vienen de todo el mundo para ver la Mona Lisa, la Venus de Milo y otras obras de arte famosas. Pero hay un cuadro que no está expuesto. Está escondido en una sala **secreta**, en lo más profundo del Louvre. Este cuadro se llama "La última cena". Fue pintado por Leonardo da Vinci, pero nunca se terminó. Algunos dicen que Da Vinci lo dejó inacabado porque sabía que algún día valdría más que cualquier otro **cuadro** del mundo. Nadie sabe con certeza por qué el cuadro está **escondido**. Pero algunos creen que contiene un **mensaje secreto del** propio Da Vinci. Un mensaje que podría cambiar el mundo para siempre. El Louvre es uno de los destinos turísticos más populares de París. Pero en este día, sólo hay un visitante. Una joven llamada Sarah. Ha venido a ver el cuadro de la Última Cena. Sarah sabe que el cuadro está **inacabado**. Pero también sabe que contiene un mensaje oculto. Un mensaje del propio Leonardo da Vinci.

Ha estudiado el cuadro durante años y está convencida de que puede **descifrar** el mensaje si consigue verlo de cerca. Pero cuando Sarah intenta entrar en la

est convaincue qu'elle peut **décoder le** message si elle parvient à l'observer de plus près. Mais lorsque Sarah tente d'entrer dans la pièce où est conservée la peinture, elle la trouve **fermée à clé**. Il doit y avoir un autre moyen d'entrer, se dit-elle. Elle commence à chercher une porte cachée ou un passage secret. Sarah passe des heures à chercher un moyen d'entrer dans la pièce secrète, mais elle ne trouve rien. Elle est sur le point d'abandonner lorsqu'elle entend quelqu'un se diriger vers elle dans le **couloir**. C'est la sécurité ! Ils l'ont surprise en train de fouiner, et maintenant ils vont la jeter hors du Louvre. Sarah est escortée hors du Louvre par la sécurité. Mais elle ne se **décourage** pas. Elle sait que le tableau contient un message de Léonard de Vinci. Et elle est déterminée à le trouver. Plus tard dans la nuit, Sarah retourne au Louvre. Elle escalade la clôture et se faufile dans le bâtiment. Elle se dirige vers la pièce secrète, et cette fois, elle trouve une porte cachée. Elle **entre dans la** pièce, et là, devant elle, se trouve "La Cène".

Sarah fixe le tableau pendant des **heures**, essayant de décoder le message de Léonard de Vinci. Mais elle ne parvient pas à le comprendre. Alors qu'elle est sur le point d'abandonner, elle voit quelque chose **scintiller** dans le clair de lune qui passe par la fenêtre. C'est une **clé** ! Sarah prend la clé et déverrouille une petite **boîte** cachée derrière "La Cène".

habitación donde se guarda el cuadro, la encuentra **cerrada**. Debe haber otra forma de entrar, piensa. Comienza a buscar una puerta oculta o un pasaje secreto. Sarah pasa horas buscando una forma de entrar en la habitación secreta, pero no encuentra nada. Está a punto de rendirse cuando oye que alguien se acerca a ella por el **pasillo**. Es el personal de seguridad. La han pillado curioseando y ahora van a echarla del Louvre. Sarah es escoltada fuera del Louvre por la seguridad. Pero no se **desanima**. Sabe que el cuadro contiene un mensaje de Leonardo da Vinci. Y está decidida a encontrarlo. Esa misma noche, Sarah vuelve al Louvre. Trepa por la valla y se cuela en el edificio. Se dirige a la sala secreta y esta vez encuentra una puerta oculta. **Entra en** la sala, y allí, frente a ella, está "La última cena".

Sarah se queda mirando el cuadro durante **horas**, intentando descifrar el mensaje de Leonardo da Vinci. Pero no consigue descifrarlo. Justo cuando está a punto de rendirse, ve algo **que brilla a la** luz de la luna que entra por la ventana. Es una **llave**. Sarah coge la llave y abre una pequeña **caja** escondida detrás de "La última cena".

Questions de compréhension

1. Quel est le nom du tableau caché au Louvre ?

2. Qui a peint la Cène ?

3. Pourquoi le tableau est-il caché ?

4. Comment Sarah sait-elle que le tableau contient un message caché ?

5. Que découvre Sarah lorsqu'elle décode le message de Léonard de Vinci ?

6. Pourquoi Sarah ne peut-elle parler à personne du message qu'elle a trouvé ?

7. Quel est le plan de Sarah pour financer ses propres recherches ?

8. Que se passerait-il si l'on apprenait le message caché du tableau ?

9. Que pense Sarah du décodage du message ?

Preguntas de comprensión

1. ¿Cómo se llama el cuadro que está escondido en el Louvre?

2. ¿Quién pintó la Última Cena?

3. ¿Por qué está escondido el cuadro?

4. ¿Cómo sabe Sarah que el cuadro contiene un mensaje oculto?

5. ¿Qué encuentra Sarah cuando descifra el mensaje de Leonardo da Vinci?

6. ¿Por qué Sarah no puede contarle a nadie el mensaje que encontró?

7. ¿Cuál es el plan de Sarah para financiar su propia investigación?

8. ¿Qué pasaría si se supiera el mensaje oculto del cuadro?

9. ¿Cómo se siente Sarah al descifrar el mensaje?

Le Mont Blanc

L'air était **raréfié** et le froid mordant. Mais je m'en fichais. Cela faisait des années que je rêvais de ce moment - me retrouver enfin au sommet du Mont Blanc, la plus haute **montagne** d'Europe. J'ai commencé mon ascension tôt le matin, avant que le soleil n'ait eu le temps de réchauffer les choses. Au début, c'était difficile, mais j'ai vite trouvé mon **rythme** et je me suis installé à un rythme confortable. De temps en temps, je m'arrêtais pour reprendre mon souffle et admirer la vue magnifique qui m'entourait. À mesure que je prenais de l'altitude, le paysage changeait radicalement. Les champs **verts** et les forêts d'en bas avaient disparu au profit de rochers **déchiquetés** couverts de neige et de glace. Mais j'ai continué à avancer, jusqu'à ce que j'atteigne le sommet. Il n'y avait pas grand-chose à voir là-haut - juste d'autres **rochers** couverts de neige - mais cela n'avait pas d'importance. J'ai réussi ! Contre toute attente, j'avais gravi le Mont Blanc.

La montée avait été longue et difficile, mais j'étais enfin au sommet du Mont Blanc. La vue était incroyable, je pouvais voir à des kilomètres dans toutes les directions. Mais plus que cela, j'ai ressenti un sentiment d'**accomplissement**. C'était quelque chose que j'avais toujours voulu faire, et maintenant je l'ai fait !

El Mont Blanc

El aire era **escaso** y el frío picaba. Pero no me importaba. Llevaba años soñando con este momento: estar por fin en la cima del Mont Blanc, la **montaña** más alta de Europa. Comencé mi ascenso a primera hora de la mañana, antes de que el sol tuviera la oportunidad de calentar las cosas. Al principio fue difícil, pero pronto encontré mi **ritmo** y me estabilicé en un paso cómodo. De vez en cuando, me detenía para recuperar el aliento y contemplar las impresionantes vistas que me rodeaban. A medida que subía, el paisaje cambiaba radicalmente. Los campos **verdes** y los bosques de la parte baja habían desaparecido, y en su lugar había rocas **escarpadas** cubiertas de nieve y hielo. Pero seguí adelante, hasta que llegué a la cima. No había mucho que ver allí arriba, sólo más **rocas cubiertas de nieve**, pero no importaba. Lo conseguí. Contra todo pronóstico, había escalado el Mont Blanc.

La subida había sido larga y dura, pero por fin estaba en la cima del Mont Blanc. Las vistas eran increíbles: podía ver kilómetros en todas las direcciones. Pero, sobre todo, sentí una sensación de **logro**. Era algo que siempre había querido hacer, ¡y ahora lo he hecho! Saboreé el momento todo lo que pude antes de iniciar el descenso. Bajar fue mucho más fácil que

J'ai savouré ce moment aussi longtemps que possible avant d'entamer ma descente. La descente a été beaucoup plus facile que la montée, et j'ai rapidement retrouvé des altitudes **plus basses** où l'air était plus épais et la **température** plus chaude. Alors que je retournais vers la **civilisation**, toutes sortes d'émotions me traversaient l'esprit : fierté, joie, satisfaction. Ce fut un voyage épique, tant sur le plan physique que mental, mais qui en valait vraiment la peine. C'était le rêve de **toute une vie** d'escalader le Mont Blanc, et j'y étais enfin parvenu. Le sentiment d'accomplissement était indescriptible lorsque je me tenais au sommet et que je regardais la vue imprenable dans toutes les directions.

Mais le voyage n'a pas été facile. Il y a eu des moments où j'ai cru que je n'y arriverais pas, mais j'ai trouvé la **force** de continuer. Maintenant que c'était terminé, je pouvais regarder en arrière avec fierté et **satisfaction**. J'ai vécu une expérience incroyable du début à la fin, une expérience qui restera gravée dans ma mémoire pour le reste de ma vie. Et qui sait, peut-être qu'un jour, je reviendrai pour tenter à nouveau de **conquérir la** plus haute montagne d'Europe. J'avais toujours voulu escalader le Mont Blanc, mais je n'avais jamais pensé que je le ferais. Mais j'étais là, debout sur le **sommet**, avec un sentiment d'accomplissement comme jamais auparavant. L'ascension a été difficile, avec plus d'un défi en cours de route.

subir, y pronto volví a estar en altitudes **más bajas** donde el aire era más denso y la **temperatura** más cálida. Mientras volvía a **la civilización**, todo tipo de emociones pasaban por mi mente: orgullo, alegría, satisfacción. Había sido un viaje épico, tanto física como mentalmente, pero al final había merecido la pena. El sueño de **toda una vida** era escalar el Mont Blanc, y por fin lo había conseguido. La sensación de logro era indescriptible cuando me encontraba en la cima, contemplando las impresionantes vistas en todas las direcciones.

Pero el camino hacia arriba no había sido fácil. Hubo momentos en los que pensé que no lo lograría, pero de alguna manera encontré la **fuerza** para seguir adelante. Ahora que había terminado, podía mirar atrás con orgullo y **satisfacción**. Había sido una experiencia increíble de principio a fin, que me acompañaría el resto de mi vida. Y quién sabe, quizá algún día vuelva a intentar **conquistar** la montaña más alta de Europa. Siempre había querido escalar el Mont Blanc, pero nunca pensé que lo haría. Pero allí estaba, de pie en la **cima, con** una sensación de logro como nunca antes. Había sido un viaje duro, con más de un reto en el camino.

Questions de compréhension

1. Quel était l'objectif de l'auteur en escaladant le Mont Blanc ?

2. Qu'a ressenti l'auteur en atteignant le sommet ?

3. Quelle a été la partie la plus difficile de l'ascension pour l'auteur ?

4. Comment le paysage a-t-il changé au fur et à mesure que l'auteur s'élevait ?

5. Pourquoi le sentiment d'accomplissement était-il indescriptible pour l'auteur ?

6. Comment l'auteur s'est-il senti après avoir terminé l'ascension ?

7. Quelles émotions l'auteur a-t-il ressenties pendant l'ascension ?

8. A quoi l'auteur a-t-il pensé en descendant de la montagne ?

9. Quelle a été la réaction de l'auteur après la conquête du Mont Blanc ?

Preguntas de comprensión

1. ¿Cuál era el objetivo del autor al subir al Mont Blanc?

2. ¿Cómo se sintió el autor al llegar a la cumbre?

3. ¿Cuál fue la parte más difícil de la subida para el autor?

4. ¿Cómo cambió el paisaje a medida que el autor subía más alto?

5. ¿Por qué la sensación de logro fue indescriptible para el autor?

6. ¿Cómo se sintió el autor después de completar la escalada?

7. ¿Qué emociones experimentó el autor durante la escalada?

8. ¿En qué pensaba el autor mientras descendía la montaña?

9. ¿Cuál fue la reacción del autor al conquistar el Mont Blanc?

Champagne

La première fois que j'ai goûté du champagne, c'était lors d'une **soirée du** Nouvel An. Mes amis et moi étions serrés autour de la table de la **cuisine**, riant et plaisantant en attendant que minuit arrive. Nous avions chacune apporté notre propre bouteille de champagne, et lorsque l'horloge a sonné douze coups, nous les avons toutes ouvertes et applaudies. Les **bulles** ont chatouillé mon nez lorsque j'ai pris une gorgée, et le goût ne ressemblait à rien de ce que j'avais connu auparavant. C'était doux et léger, avec juste une pointe d'acidité. J'avais l'impression de flotter sur un **nuage** en sirotant mon champagne ce soir-là, et il est rapidement devenu ma nouvelle boisson préférée. Depuis lors, le champagne a toujours été associé à des occasions spéciales dans mon esprit. Qu'il s'agisse de fêter un anniversaire ou de célébrer la nouvelle année, ouvrir une bouteille de champagne donne toujours l'impression de quelque chose de spécial. Et même si le champagne peut être dégusté à n'importe quelle heure du jour ou de la nuit, il y a quelque chose dans le fait de le **boire** le matin qui me fait me sentir encore plus **chic** ! Alors cette année, quand le jour de l'an est revenu, j'ai décidé de commencer 2019 en m'offrant un petit déjeuner au champagne.

Champán

La primera vez que probé el champán fue en una **fiesta de Nochevieja**. Mis amigos y yo estábamos apiñados alrededor de la mesa de **la cocina**, riendo y bromeando mientras esperábamos que llegara la medianoche. Cada uno había traído su propia botella de burbujas y, cuando el reloj dio las doce, todos las abrimos y nos alegramos. Las **burbujas** me hicieron cosquillas en la nariz cuando tomé un sorbo, y el sabor no se parecía a nada que hubiera experimentado antes. Era dulce y ligero, con sólo un toque de acidez. Aquella noche me sentí como si flotara en una **nube** mientras bebía mi champán, y rápidamente se convirtió en mi nueva bebida favorita. Desde entonces, el champán siempre ha estado asociado a las ocasiones especiales en mi mente. Ya sea para celebrar un cumpleaños o para recibir el año nuevo, abrir una botella de champán siempre es algo especial. Y aunque el champán puede disfrutarse a cualquier hora del día o de la noche, hay algo en beberlo por la mañana que me hace sentir más **elegante**. Así que este año, cuando se acercó de nuevo el día de Año Nuevo, decidí empezar el 2019 regalándome un desayuno con champán.

Abrí una botella de Veuve Clicquot Yellow Label Brut NV y me serví una **copa**. Luego me senté en la mesa

J'ai ouvert une bouteille de Veuve Clicquot Yellow Label Brut NV et je me suis versé un **verre**. Puis je me suis assise à la table de ma cuisine avec mon ordinateur portable pour vérifier mes e-mails et profiter de mon délicieux début d'année. Je ne sais pas ce qui m'a pris ce jour-là, mais pour une raison quelconque, le champagne avait un goût encore **meilleur** que d'habitude. J'ai continué à siroter mon verre pendant que je travaillais et j'ai fini la bouteille entière en un rien de temps ! Comme je me sentais un peu **pompette**, j'ai décidé de m'en offrir une autre. J'ai donc ouvert une autre bouteille de Veuve Clicquot et je me suis versé un autre verre. À l'heure du déjeuner, je me sentais plutôt **bien**. Le champagne m'avait définitivement mis d'humeur festive, et j'ai décidé d'appeler quelques amis pour voir s'ils voulaient se retrouver pour déjeuner. Quelques-uns d'entre eux étaient libres, alors nous nous sommes retrouvés dans un **restaurant** voisin. Nous avons tous commandé des sandwichs et des salades, et, bien sûr, encore du champagne. Nous avons fini par rester au restaurant jusqu'à sa fermeture, en riant et en discutant tout le temps. C'était une façon si **amusante** de commencer la nouvelle année.

de la cocina con mi portátil para revisar los correos electrónicos y disfrutar de mi delicioso comienzo de año. No sé qué me pasó ese día, pero por alguna razón, el champán me supo aún **mejor** que de costumbre. Seguí dando sorbos a mi copa mientras trabajaba y, al poco tiempo, me había terminado toda la botella. Como me sentía un poco **excitada**, decidí regalarme otra. Así que abrí otra botella de Veuve Clicquot y me serví otra copa. A la hora de comer, me sentía bastante **bien**. El champán me había puesto de buen humor y decidí llamar a algunos amigos para ver si querían quedar para comer. Algunos de ellos estaban libres, así que quedamos en un **restaurante** cercano. Pedimos sándwiches y ensaladas y, por supuesto, más champán. Acabamos quedándonos en el restaurante hasta que cerró, riendo y charlando todo el tiempo. Fue una forma muy **divertida** de empezar el año nuevo.

Questions de compréhension

1. Quelle a été la première expérience de l'auteur avec le champagne ?

2. Comment l'auteur s'est-il senti après avoir bu du champagne au petit-déjeuner ?

3. Qu'a fait l'auteur quand il a vu le groupe d'adolescents ?

4. Pourquoi 2019 a-t-il été l'un des meilleurs jours de l'an pour l'auteur ?

5. Quelle est l'opinion de l'auteur sur le champagne ?

6. À quoi le champagne fait-il penser pour l'auteur ?

7. Quel goût le champagne avait-il pour l'auteur le jour de l'an ?

8. Qu'a mangé l'auteur au déjeuner ?

9. Qu'a fait l'auteur en rentrant chez lui ?

Preguntas de comprensión

1. ¿Cuál fue la primera experiencia del autor con el champán?

2. ¿Cómo se sintió el autor después de desayunar champán?

3. ¿Qué hizo el autor cuando vio al grupo de adolescentes?

4. ¿Por qué el 2019 fue uno de los mejores días de Año Nuevo del autor?

5. ¿Cuál es la opinión del autor sobre el champán?

6. ¿A qué recuerda el champán al autor?

7. ¿A qué le sabía el champán al autor el día de Año Nuevo?

8. ¿Qué almorzó el autor?

9. ¿Qué hizo el autor al llegar a casa?

La Tour Eiffel

La Tour Eiffel est l'un des monuments les plus **emblématiques** du monde. Pour beaucoup, elle symbolise la ville de l'**amour**, Paris. Mais pour une femme, elle a une signification beaucoup plus personnelle. Claire avait toujours rêvé de visiter la tour Eiffel. Enfant, elle regardait souvent des photos de la tour et **imaginait** ce que ce serait de se tenir à son sommet et de voir la ville entière en dessous d'elle. Lorsqu'elle a enfin eu l'âge de **voyager**, elle s'est assurée qu'un voyage à Paris figurait en tête de sa liste. Elle est arrivée dans la **ville** par une belle journée de printemps et est immédiatement tombée amoureuse de tout ce qui s'y trouvait. Les images, les sons et les odeurs étaient si différents de tout ce qu'elle avait connu auparavant. Elle passe chaque jour **à explorer les** différents quartiers de Paris, mais garde toujours la Tour Eiffel pour la fin. Elle voulait savourer chaque moment de son expérience.

Pour son dernier jour dans la ville, elle s'est réveillée tôt et s'est rendue à la **tour**. Elle a été surprise de constater qu'il n'y avait pas de file d'attente pour entrer. Il semblait que tout le monde l'avait déjà vue et était passé à autre chose. Elle s'est dirigée vers le guichet

La Torre Eiffel

La Torre Eiffel es uno de los monumentos más **emblemáticos** del mundo. Para muchos, simboliza la ciudad del **amor**, París. Pero para una mujer, tiene un significado mucho más personal. Claire siempre había soñado con visitar la Torre Eiffel. De niña, solía mirar fotos de ella e **imaginar** cómo sería estar en su cima y ver toda la ciudad debajo de ella. Cuando por fin tuvo la edad suficiente para **viajar**, se aseguró de que un viaje a París fuera el primero de su lista. Llegó a la **ciudad en** un hermoso día de primavera e inmediatamente se enamoró de todo. Las vistas, los sonidos y los olores eran tan diferentes de todo lo que había experimentado antes. Pasó todos los días **explorando** diferentes partes de París, pero siempre dejó la visita a la Torre Eiffel para el final. Quería saborear cada momento de su experiencia allí.

En su último día en la ciudad, se levantó temprano y se dirigió a la **torre**. Se sorprendió al ver que no había cola para entrar. Parecía que todos los demás ya la habían visto y se habían ido. Se acercó a la taquilla y pidió un **billete para subir**. El empleado le dijo que serían 13,50 euros. Claire dudó un momento, sin saber si realmente quería **gastar** tanto dinero en algo tan turístico,

et a demandé un **billet pour le** sommet. Le préposé lui dit que c'est 13,50 €. Claire hésite un moment, ne sachant pas si elle veut vraiment **dépenser** autant d'argent pour quelque chose d'aussi touristique, mais elle décide que c'est probablement sa seule chance de voir la vue du sommet de la tour Eiffel. Elle a pris l'**ascenseur jusqu'**au premier niveau de la tour et est sortie sur l'un des ponts d'observation. La vue était encore plus époustouflante que ce qu'elle avait imaginé. Elle pouvait voir tout Paris s'étendre devant elle, avec ses **toits** sans fin et ses rues sinueuses menant à différents quartiers et districts. À ce moment-là, elle avait l'impression que tout était possible, qu'elle pouvait conquérir tout ce que la vie lui réservait, tant qu'elle avait ce souvenir en tête. Alors qu'elle profitait de la vue, elle a remarqué que quelqu'un se dirigeait vers elle. C'était un homme, qui semblait avoir à peu près son âge. Il avait les cheveux et les yeux foncés, et portait un petit **sac à dos**. Quand il est arrivé à sa hauteur, il lui a demandé si elle parlait anglais. Elle acquiesce et il se présente comme Olivier.

Il s'est avéré qu'Olivier visitait également la Tour Eiffel pour la première fois. Ils ont entamé une conversation et se sont rapidement rendu compte qu'ils avaient beaucoup de choses en **commun**. Ils aimaient tous deux voyager et explorer de nouveaux endroits, et partageaient une passion pour la photographie.

pero luego decidió que probablemente era su única oportunidad de ver la vista desde lo alto de la Torre Eiffel. Subió en **ascensor hasta el** primer nivel de la torre y salió a una de sus plataformas de observación. Las vistas eran aún más impresionantes de lo que había imaginado. Podía ver todo París delante de ella, con sus interminables **tejados** y sus sinuosas calles que desembocaban en diferentes barrios y distritos. En ese momento, sintió que todo era posible, que podría conquistar cualquier cosa que la vida le propusiera mientras tuviera ese recuerdo. Mientras disfrutaba de la vista, notó que alguien caminaba hacia ella. Era un hombre que parecía tener su edad. Tenía el pelo y los ojos oscuros y llevaba una pequeña **mochila**. Cuando la alcanzó, le preguntó si hablaba inglés. Ella asintió y él se presentó como Olivier.

Resulta que Olivier también visitaba la Torre Eiffel por primera vez. Entablaron una conversación y rápidamente se dieron cuenta de que tenían mucho en **común**. A los dos les gustaba viajar y explorar nuevos lugares, y compartían la pasión por la fotografía.

Questions de compréhension

1. Que symbolise la Tour Eiffel pour de nombreuses personnes ?

2. Qu'est-ce que Claire imaginait de la tour Eiffel lorsqu'elle était enfant ?

3. Comment Claire s'est-elle sentie à son arrivée à Paris ?

4. Pourquoi Claire a-t-elle gardé la visite de la tour Eiffel pour la fin de son séjour à Paris ?

5. Quelle a été la réaction de Claire face à la vue qu'elle a eue de la Tour Eiffel ?

6. Qui Claire a-t-elle rencontré à la tour Eiffel ?

7. Qu'est-ce qu'Olivier et Claire avaient en commun ?

8. D'où viennent Olivier et Claire ?

9. Qu'ont fait Olivier et Claire après le déjeuner ?

10. Pourquoi Olivier a-t-il invité Claire dans sa chambre d'hôtel ?

Preguntas de comprensión

1. ¿Qué simboliza la Torre Eiffel para muchas personas?

2. ¿Qué imaginaba Claire de la Torre Eiffel cuando era niña?

3. ¿Cómo se sintió Claire al llegar a París?

4. ¿Por qué Claire dejó la visita a la Torre Eiffel para el final de su estancia en París?

5. ¿Cuál fue la reacción de Claire ante las vistas de la Torre Eiffel?

6. ¿A quién conoció Claire en la Torre Eiffel?

7. ¿Qué tenían en común Olivier y Claire?

8. ¿De dónde son Olivier y Claire?

9. ¿Qué hicieron Olivier y Claire después de comer?

10. ¿Por qué Olivier invitó a Claire a su habitación de hotel?

A la plage

Après le lever du soleil, les vagues sont plus fortes et le sable au-dessus de la marée est blanc. Je marche jusqu'à la plage, **admirant** la mer et le soleil. Mes orteils sentent les rainures des coquillages. Le sable est froid sur mes orteils. Je souris et je continue. La marée est haute, alors je dois faire attention à ne pas me laisser entraîner. Je marche le long du bord de l'eau, en admirant la mer. Le lever du soleil est **magnifique**, et les vagues s'écrasent. Je me sens si paisible. J'arrive à un endroit où il y a un affleurement rocheux. Je m'assieds et je regarde les vagues. L'eau est si bleue et le ciel est si **orange**. J'ai l'impression d'être dans un rêve. Je ferme les yeux et je me contente d'écouter les vagues. Je suis restée assise pendant un long moment, jusqu'à ce que j'entende quelqu'un appeler mon nom.

J'ouvre les yeux et je vois ma mère marcher vers moi. Elle a un air inquiet sur le visage. Je souris et je lui fais signe, et elle **se détend**. "Je me demandais où tu étais allée", dit-elle. "Je suis contente que tu profites de la plage." Je réponds : "J'en profite." "C'est tellement beau ici." "Je sais", dit-elle. "Je venais ici tout le temps quand j'avais ton âge." "Vraiment ?" Je demande. "Ouais", répond-elle. "C'est un endroit spécial." "As-tu déjà rencontré quelqu'un de spécial ici ?" Je demande. "Oui",

En la playa

Después del amanecer, las olas son más fuertes y la arena sobre la marea es blanca. Bajo a la playa, **admirando** el mar y el sol. Mis dedos sienten los surcos de las conchas. La arena está fría en mis dedos. Sonrío y sigo adelante. La marea está alta, así que tengo que tener cuidado de que no me arrastre. Camino por la orilla del agua, admirando el mar. El amanecer es **precioso** y las olas rompen. Me siento muy tranquila. Llego a un lugar donde hay un afloramiento de roca. Me siento y observo las olas. El agua es tan azul y el cielo tan **naranja**. Me siento como en un sueño. Cierro los ojos y sólo escucho las olas. Me siento allí durante mucho tiempo, hasta que oigo que alguien me llama por mi nombre.

Abro los ojos y veo a mi madre caminando hacia mí. Tiene una mirada de preocupación. Sonrío y la saludo con la mano, y se **relaja**. "Me preguntaba adónde habías ido", dice. "Me alegro de que estés disfrutando de la playa". Le respondo: "Sí". "Esto es muy bonito". "Lo sé", dice ella. "Yo solía venir aquí todo el tiempo cuando tenía tu edad". "¿De verdad?" Pregunto. "Sí", responde. "Es un lugar especial". "¿Has conocido a alguien especial aquí?" le pregunto. "Sí", responde con una sonrisa. "A tu padre". "¿De verdad?" Digo,

répond-elle avec un sourire. "Ton père." "Vraiment ?"
Je dis, **surpris**. "Oui," dit-elle. "Nous avions l'habitude
de venir ici tout le temps ensemble. C'est là que nous
sommes tombés amoureux. " Je souris, **imaginant**
mes parents tombant amoureux sur cette magnifique
plage. " C'est un endroit spécial ", répète-t-elle. "Je suis
contente que tu sois venu ici aujourd'hui."

Nous restons assis là un moment de plus, à **regarder**
les vagues et le coucher de soleil. Puis nous nous
levons et retournons à nos serviettes de plage.
Je m'allonge et regarde les étoiles. Je me sens si
heureuse et satisfaite. Les vagues sont plus fortes
maintenant, et le sable est froid. Le soleil se couche et
une brise fraîche souffle. Les vagues s'écrasent sur le
rivage et l'odeur du sel flotte dans l'air. C'est une soirée
parfaite pour être à la plage. Je me promène le long du
rivage, en **écoutant le** bruit des vagues et en regardant
le coucher du soleil. Je vois un groupe de personnes
assises sur le sable, qui rient et plaisantent. Ils ont
l'air de passer un bon moment. Je m'approche d'eux
et leur demande si je peux les rejoindre. Ils acceptent
et nous passons le reste de la soirée à parler, à rire
et à regarder le **coucher de soleil**. C'est une soirée
parfaite. Le groupe et moi parlons jusqu'au coucher du
soleil. Nous partageons des histoires et des blagues, et
nous passons tous un bon moment.

sorprendido. "Sí", dice ella. "Solíamos venir aquí siempre juntos. Es donde nos enamoramos". "Sonrío, **imaginando a** mis padres enamorándose en esta hermosa playa. "Es un lugar especial", repite. "Me alegro de que hayas venido hoy".

Nos quedamos sentados un rato más, **mirando** las olas y la puesta de sol. Luego nos levantamos y volvemos a nuestras toallas de playa. Me tumbo y miro las estrellas. Me siento muy feliz y contenta. Las olas son más fuertes y la arena está fría. El sol se pone y sopla una brisa fresca. Las olas chocan contra la orilla y el aire huele a sal. Es una tarde perfecta para estar en la playa. Estoy caminando por la orilla, **escuchando el** sonido de las olas y viendo la puesta de sol. Veo a un grupo de personas sentadas en la arena, riendo y bromeando. Parece que se lo están pasando muy bien. Me acerco a ellos y les pregunto si puedo unirme a ellos. Me dicen que sí y pasamos el resto de la tarde hablando, riendo y viendo la **puesta de sol**. Es una noche perfecta. El grupo y yo hablamos hasta que se pone el sol. Compartimos anécdotas y bromas, y nos lo pasamos muy bien.

Questions de compréhension

1. Où va la narratrice après son réveil ?

2. Qu'est-ce que la narratrice admire en marchant le long de la plage ?

3. De quoi la narratrice doit-elle se méfier en marchant le long de la plage ?

4. Où la narratrice s'assied-elle pour profiter de la vue ?

5. Combien de temps la narratrice reste-t-elle assise ?

6. Qui la narratrice voit-elle lorsqu'elle ouvre à nouveau les yeux ?

7. Que dit la mère de la narratrice ?

8. De quoi parlent la narratrice et les personnes qu'elle rencontre ?

Preguntas de comprensión

1. ¿Dónde va la narradora después de despertar?

2. ¿Qué admira la narradora mientras camina por la playa?

3. ¿Qué tiene que vigilar la narradora mientras camina por la playa?

4. ¿Dónde se sienta la narradora para disfrutar de la vista?

5. 5. ¿Cuánto tiempo permanece la narradora sentada allí?

6. 6. ¿A quién ve la narradora cuando vuelve a abrir los ojos?

7. ¿Qué dice la madre de la narradora?

8. ¿De qué hablan la narradora y las personas que conoce?

Camping au lac

Je me dirige vers le lac, **admirant** la tranquillité de la scène. Le soleil tape sur le petit lac, faisant ressembler l'eau à une feuille de verre. Le seul mouvement est l'ondulation occasionnelle d'un poisson **brisant la** surface. Même les oiseaux semblent prendre une pause de la chaleur, avec seulement le son des cigales remplissant l'air. **Soudain**, la paix est rompue par un grand plouf. Un gros **poisson** a sauté hors de l'eau, essayant d'attraper une libellule. Le poisson rate sa cible et retombe dans l'eau avec un plouf. "Wow," je me dis, "c'était un gros poisson !". J'ai regardé autour de moi pour voir si quelqu'un d'autre l'avait vu, mais il n'y avait personne. Je suppose que je devrai leur dire quand je rentrerai au camp.

La chaleur est **oppressante**, il est difficile de respirer. L'air est épais et lourd, comme une couverture qui vous enveloppe. Le seul soulagement est dans l'eau. Elle est fraîche et rafraîchissante, comme une boisson fraîche par une journée chaude. Je prends une profonde inspiration et je plonge dans l'eau. Le soulagement est immédiat car l'eau fraîche m'entoure. Je nage jusqu'au fond, puis remonte à la surface, sentant l'eau refroidir mon corps. Je continue à **faire** des longueurs, appréciant le répit de la chaleur. Après un moment,

Acampada en el lago

Camino hacia el lago, **admirando la** tranquilidad de la escena. El sol golpea el pequeño lago, haciendo que el agua parezca una lámina de cristal. El único movimiento es el de los peces que **rompen** la superficie. Incluso los pájaros parecen descansar del calor, y sólo el sonido de las cigarras llena el aire. **De repente, la** paz se rompe con un fuerte chapoteo. Un gran **pez** ha saltado fuera del agua, intentando atrapar una libélula. El pez no alcanza su objetivo y cae de nuevo al agua con un chapoteo. "¡Vaya!", pienso para mis adentros, "¡ese era un pez grande!". Miro a mi alrededor para ver si alguien más lo ha visto, pero no hay nadie. Supongo que tendré que contarlo cuando vuelva al campamento.

El calor es **agobiante** y dificulta la respiración. El aire es espeso y pesado, como una manta que te envuelve. El único alivio es el agua. Es fresca y refrescante, como una bebida fría en un día caluroso. Respiro profundamente y me sumerjo en el agua. El alivio es inmediato cuando el agua fresca me rodea. Nado hasta el fondo y luego vuelvo a la superficie, sintiendo que el agua refresca mi cuerpo. Sigo **nadando**, disfrutando del respiro del calor. Después de un rato, salgo del agua y me tumbo en la hierba, dejando que el sol me

je sors de l'eau et je m'allonge sur l'herbe, laissant le soleil sécher mon corps. Je ferme les yeux et m'endors, le bruit des **cigales** me berce dans un profond sommeil. Je laisse le soleil faire sortir l'eau de ma peau. Je sens que ma peau devient rouge, mais je m'en moque. J'ai trop chaud pour m'en soucier. La prochaine chose que je sais, c'est que le soleil se couche. Le ciel est d'un bel orange, avec des traces de rose et de violet. La chaleur a disparu, remplacée par une **brise** fraîche.

Je me lève et me rhabille, me sentant rafraîchie et rajeunie. Je **respire** profondément l'air frais et je souris. C'est bon d'être en vie. Je retourne au camping, en admirant la façon dont les couleurs dansent dans le ciel. Je peux voir le feu de camp qui brûle au loin et je peux sentir la fumée dans l'air. Je souris et j'**accélère le** pas. Je suis prête à me détendre et à profiter du reste de ma soirée. J'entre dans le camping et je vois que tout le monde est réuni autour du feu. Ils **rient** et plaisantent, et je peux voir le feu se refléter dans leurs yeux. Je souris et m'assois à côté de mes amis. C'est bon d'être de retour. Le lendemain matin, je me réveille tôt et je commence à préparer mes affaires. J'ai hâte de retourner sur le sentier et de poursuivre mon voyage. Je dis au revoir à mes amis et commence à m'éloigner. En marchant, je jette un dernier regard sur le **camping**. Je peux voir le feu qui brûle toujours au loin et je peux sentir la fumée dans l'air. Je souris et j'accélère le pas. Je suis prêt à poursuivre mon **voyage**.

seque el cuerpo. Cierro los ojos y me duermo, el sonido de las **cigarras** me arrulla en un profundo sueño. Dejo que el sol me quite el agua de la piel. Siento que mi piel se pone roja, pero no me importa. Lo siguiente que sé es que el sol se está poniendo. El cielo es de un hermoso color naranja, con vetas de color rosa y púrpura. El calor ha desaparecido y ha sido sustituido por una **brisa** fresca.

Me levanto y me vuelvo a poner la ropa, sintiéndome renovada y rejuvenecida. **Respiro** profundamente el aire fresco y sonrío. Se siente bien estar vivo. Vuelvo al campamento, admirando la forma en que los colores bailan en el cielo. Veo la hoguera que arde a lo lejos y huelo el humo en el aire. Sonrío y **acelero el** paso. Estoy lista para relajarme y disfrutar del resto de la noche. Entro en el campamento y veo que todos están reunidos alrededor del fuego. **Ríen** y bromean, y puedo ver el fuego reflejado en sus ojos. Sonrío y me siento junto a mis amigos. Es bueno estar de vuelta. A la mañana siguiente, me despierto temprano y empiezo a recoger mis cosas. Estoy ansioso por volver a la ruta y continuar mi viaje. Me despido de mis amigos y empiezo a caminar. Mientras camino, echo un último vistazo al **campamento**. Veo que el fuego sigue ardiendo a lo lejos y puedo oler el humo en el aire. Sonrío y acelero el paso. Estoy listo para continuar mi **viaje**.

Questions de compréhension

1. Où va le marcheur ?

2. Quel temps fait-il ?

3. À quoi ressemble l'eau ?

4. Comment le marcheur réagit-il à la chaleur ?

5. Que fait le poisson ?

6. Pourquoi le marcheur est-il seul ?

7. Quelle est la sensation de l'eau ?

8. Comment le marcheur se sent-il après avoir nagé ?

9. A quelle heure de la journée le déambulateur se réveille-t-il ?

Preguntas de comprensión

1. ¿Dónde va el caminante?

2. ¿Qué tiempo hace?

3. ¿Qué aspecto tiene el agua?

4. ¿Cómo reacciona el caminante al calor?

5. ¿Qué hace el pez?

6. ¿Por qué el caminante está solo?

7. ¿Cómo se siente el agua?

8. ¿Cómo se siente el caminante después de nadar?

9. ¿A qué hora del día se despierta el caminante?

La Maison

J'ai emménagé dans ma nouvelle maison la semaine dernière, et je suis si **excitée** ! Elle est tellement plus grande que l'ancienne, et elle a un grand jardin. J'ai hâte d'inviter des amis pour des barbecues et des fêtes. Ce que je **préfère,** c'est ma nouvelle chambre. Elle est si grande et lumineuse, et j'ai beaucoup d'espace pour mettre toutes mes affaires. Je suis vraiment contente de ma nouvelle maison et je pense que je serai très heureuse ici. J'ai décidé d'explorer un peu plus la maison. Je suis monté au deuxième étage et j'ai commencé à me diriger vers la cuisine quand j'ai vu une grosse araignée noire sur le mur ! J'ai crié et j'ai couru en bas. J'avais tellement **peur** ! Mais après quelques minutes, je me suis calmée et j'ai décidé de retourner à l'étage. J'ai lentement fait mon chemin vers la cuisine et j'ai vu que l'araignée était partie. J'étais tellement soulagée ! Je suis redescendu et j'ai décidé de sortir pour explorer le **jardin**. Elle était si grosse ! Je n'arrivais pas à y croire. J'ai vu une balançoire dans le coin et un toboggan. J'ai aussi vu un filet de basket-ball et un **trampoline**. J'étais tellement excitée !

Je suis impatient d'utiliser tous ces nouveaux trucs. Les **voisins** sont venus et se sont présentés. Ils avaient l'air très gentils, et nous avons parlé un moment. Ils

La Casa

Me mudé a mi nueva casa la semana pasada y estoy muy **emocionada**. Es mucho más grande que la anterior y tiene un gran patio trasero. Me muero de ganas de tener amigos para hacer barbacoas y fiestas. Mi parte **favorita** es mi nuevo dormitorio. Es muy grande y luminosa, y tengo mucho espacio para poner todas mis cosas. Estoy muy contenta con mi nueva casa y creo que seré muy feliz aquí. Decidí explorar la casa un poco más. Subí al segundo piso y empecé a dirigirme a la cocina cuando vi una gran araña negra en la pared. Grité y corrí escaleras abajo. Estaba muy **asustada**. Pero después de unos minutos, me calmé y decidí volver a subir. Me dirigí lentamente a la cocina y vi que la araña había desaparecido. Me sentí muy aliviada. Volví a bajar las escaleras y decidí salir a explorar el **patio trasero**. Era tan grande. No me lo podía creer. Vi un columpio en la esquina y un tobogán. También vi una red de baloncesto y una **cama elástica**. Estaba muy emocionada.

No puedo esperar a usar todas estas cosas nuevas. Los **vecinos** vinieron y se presentaron. Parecían muy simpáticos y estuvimos hablando un rato. Me invitaron a su barbacoa el próximo fin de semana y les dije que me encantaría ir. He pasado una primera semana

m'ont invité à leur barbecue le week-end prochain, et j'ai dit que j'aimerais beaucoup venir. J'ai passé une excellente première semaine dans ma nouvelle maison et j'ai hâte de vivre toutes les nouvelles aventures qui m'attendent. Aujourd'hui, je vais encore aller explorer le jardin et voir ce que je peux trouver d'autre. Qui sait, peut-être vais-je même trouver un **trésor**. J'ai hâte de voir ce que la semaine prochaine nous réserve ! La semaine suivante, je suis retourné explorer le jardin et j'ai trouvé un jardin **secret**. C'était tellement beau ! Il y avait des fleurs partout et un petit étang avec des poissons dedans. J'ai aussi vu une balançoire que je n'avais jamais vue auparavant. J'étais si excitée de trouver ce jardin secret, et j'ai hâte de l'explorer davantage. C'était tellement **beau** !

Il y avait des fleurs partout et un petit étang avec des poissons dedans. J'ai aussi vu une **balançoire** que je n'avais jamais vue auparavant. J'étais si excitée de trouver ce jardin secret, et j'ai hâte de l'explorer davantage. J'ai aussi adoré ma nouvelle chambre. Elle était si grande et lumineuse, et il y avait déjà des posters de mes groupes préférés sur les murs. Je n'ai même pas eu besoin d'apporter mes propres **meubles** car il y avait déjà un lit, une commode et un bureau. Ça va être la meilleure année de ma vie ! J'étais un peu nerveux à l'idée de commencer dans une nouvelle **école**, mais tous mes nouveaux voisins ont été si gentils.

estupenda en mi nueva casa, y estoy entusiasmada con todas las nuevas aventuras que me esperan. Hoy voy a ir a explorar de nuevo en el patio trasero y ver qué más puedo encontrar. Quién sabe, quizá encuentre algún **tesoro**. Estoy deseando ver lo que me depara la próxima semana. A la semana siguiente, volví a explorar el patio trasero y encontré un jardín secreto. Era muy bonito. Había flores por todas partes y un pequeño estanque con peces. También vi un columpio que no había visto antes. Estaba muy emocionada por haber encontrado este jardín secreto, y no puedo esperar a explorarlo más. Era muy **bonito**.

Había flores por todas partes y un pequeño estanque con peces. También vi un **columpio** que no había visto antes. Me emocionó mucho encontrar este jardín secreto y estoy deseando explorarlo más. También me encantó mi nueva habitación. Era tan grande y luminosa, y ya había pósters de mis grupos favoritos en las paredes. Ni siquiera tuve que traer mis propios **muebles** porque ya había una cama, una cómoda y un escritorio. ¡Este va a ser el mejor año de todos! Estaba un poco nerviosa por empezar en una nueva **escuela**, pero todos mis nuevos vecinos han sido muy amables.

Questions de compréhension

1. Où vit la personne ?

2. Comment la personne se sent-elle dans sa nouvelle maison ?

3. Quelle est la partie de la nouvelle maison que la personne préfère ?

4. Qu'est-ce que la personne a trouvé dans le jardin ?

5. Qui sont les voisins ?

6. Comment se sont passés les premiers jours de la personne dans sa nouvelle maison ?

7. Quelle est la partie de la nouvelle pièce que la personne préfère ?

8. Qu'est-ce que la personne prévoit de faire demain ?

Preguntas de comprensión

1. ¿Dónde vive la persona?

2. ¿Qué le parece a la persona la nueva casa?

3. ¿Cuál es la parte favorita de la persona en la nueva casa?

4. ¿Qué encontró la persona en el jardín?

5. ¿Quiénes son los vecinos?

6. ¿Cómo fueron los primeros días de la persona en la nueva casa?

7. ¿Cuál es la parte favorita de la persona en la nueva habitación?

8. ¿Qué piensa hacer la persona mañana?

Dans le train

J'ai couru jusqu'à la gare, mais c'était trop tard. Le train était déjà parti sans moi. Je me suis sentie tellement **en colère** et **déçue** de moi-même. J'avais prévu de prendre le train pour rendre visite à mes grands-parents qui vivent à la campagne, mais je devais maintenant attendre le prochain train pendant une heure entière. J'ai décidé de me promener un peu dans la ville à la place et j'ai essayé d'oublier cette occasion manquée. En marchant, j'ai commencé à **rêver à** tous les endroits où le **train** peut vous emmener. Soudain, je n'étais plus aussi contrariée. Je suis retourné dans la gare et je n'ai pu m'empêcher de remarquer la grande locomotive rouge, blanche et bleue qui se dirigeait vers moi. Ce n'est que lorsque je vois le **conducteur** me faire signe par la fenêtre que je réalise que ce train est pour moi. Je monte dans le train et trouve mon siège, m'installant pour ce qui promet d'être un long voyage.

Alors que nous sortons de la gare, je ne peux m'empêcher de me demander où ce train va m'emmener. À travers des **champs** verts et des rivières bleues, en passant par des montagnes et des vallées, on ne sait pas où ce vieux train va aller. À la tombée de la nuit, je m'endors **paisiblement**, bercé par le mouvement **rythmique** des wagons sur les rails en

En el tren

Corrí a la estación de tren, pero llegué demasiado tarde. El tren ya había partido sin mí. Me sentí muy **enfadada** y **decepcionada** conmigo misma. Había planeado coger el tren para visitar a mis abuelos, que viven en el campo, pero ahora tendría que esperar una hora entera al siguiente tren. Decidí pasear un rato por la ciudad y tratar de olvidar la oportunidad perdida. Mientras caminaba, empecé a **soñar** con todos los lugares a los que te puede llevar **el tren**. De repente, ya no estaba tan molesto. Vuelvo a la estación y no puedo evitar fijarme en la gran locomotora roja, blanca y azul que se dirige hacia mí. No es hasta que veo al **revisor saludándome** desde la ventanilla cuando me doy cuenta de que ese tren es para mí. Subo al tren y encuentro mi asiento, acomodándome para lo que promete ser un largo viaje.

Mientras salimos de la estación, no puedo evitar preguntarme a dónde me llevará este tren. A través de **campos** verdes y ríos azules, pasando por montañas y valles, no se sabe adónde irá este viejo tren. Cuando empieza a caer la noche, me quedo dormido, arrullado por el movimiento **rítmico** de los vagones en las vías. Cuando vuelve a amanecer, abro los ojos y veo que hemos llegado a un pequeño pueblo en medio

contrebas. Quand le matin revient, j'ouvre les yeux pour constater que nous sommes arrivés dans une petite ville quelque part au milieu de nulle part. Le soleil pointe à peine à l'horizon et les habitants commencent à s'agiter dans la rue principale ; c'est un jour comme les autres ici, à l'exception d'une chose : il y a un grand panneau près de l'hôtel de ville qui dit "Bienvenue à bord". Il semble que cette petite ville nous attendait, même si nous ne sommes qu'un train de **voyageurs** ordinaire qui passe par là pour aller ailleurs. Alors que nous laissons la ville derrière nous une fois de plus, en direction d'on ne sait où, je souris à tous les visages amicaux qui nous saluent depuis ces petites maisons nichées au milieu des **terres agricoles - c**'est vraiment étonnant de voir comment quelque chose d'apparemment si ordinaire peut apporter tant de joie simplement en passant par là. Et puis, bien sûr, il y a les **enfants**.

Je me penche par la fenêtre de ma locomotive. Ils me rendent toujours si heureux avec leurs yeux brillants et leurs grands sourires. Je leur fais un signe de la main énergique avant de retourner dans ma **cabine** et de m'asseoir. La journée a déjà été longue, mais elle n'est pas encore terminée ; il reste encore quelques heures avant d'atteindre notre **destination** finale. Je sors mon livre et commence à lire, laissant le balancement rythmique du train me bercer dans un état paisible.

de la nada. El sol acaba de asomar por el horizonte mientras los lugareños comienzan a arremolinarse en la calle principal; parece un día cualquiera aquí, excepto por una cosa: hay un gran cartel colocado cerca del Ayuntamiento que dice "¡Bienvenidos a bordo!". Parece que esta pequeña ciudad nos ha estado esperando, a pesar de que sólo somos un tren de **pasajeros** ordinario que pasa por aquí de camino a otro lugar. Mientras dejamos atrás la ciudad una vez más, avanzando hacia quién sabe dónde, sonrío al ver todas las caras amistosas que se despiden desde esas pequeñas casas enclavadas entre **los campos de cultivo;** es realmente increíble cómo algo tan aparentemente ordinario puede traer tanta alegría simplemente por pasar. Y luego, por supuesto, están los **niños**.

Me asomo a la ventana de mi locomotora. Siempre me hacen sentir muy feliz con sus ojos brillantes y sus grandes sonrisas. Les devuelvo el saludo con energía antes de volver a mi **cabina** y tomar asiento. Ya ha sido un día muy largo, pero aún no ha terminado; todavía faltan algunas horas para llegar a nuestro **destino final**. Saco mi libro y empiezo a leer, dejando que el rítmico balanceo del tren me adormezca.

Questions de compréhension

1. Où va le train ?

2. Qui voyage dans le train ?

3. Quand le train part-il ?

4. Comment le protagoniste monte-t-il dans le train ?

5. D'où vient le train ?

6. Où le train va-t-il ensuite ?

7. Quand les passagers sont-ils arrivés ?

8. Que ressent le protagoniste lorsqu'il rate le train ?

9. Comment le conducteur du train réagit-il lorsqu'il voit le protagoniste ?

Preguntas de comprensión

1. ¿Adónde va el tren?

2. ¿Quién viaja en el tren?

3. ¿Cuándo sale el tren?

4. ¿Cómo sube el protagonista al tren?

5. ¿De dónde viene el tren?

6. ¿A dónde va el tren después?

7. ¿Cuándo llegaron los pasajeros?

8. ¿Cómo se siente el protagonista cuando pierde el tren?

9. ¿Cómo reacciona el conductor del tren cuando ve al protagonista?

Cuisiner le dîner

Il est 17 heures et je rentre à pied du travail. J'ai **hâte** de passer une soirée tranquille à la maison avec mon partenaire. Nous allons préparer le dîner ensemble et nous détendre pour le reste de la nuit. C'est agréable de savoir que je n'ai aucun projet ni aucune obligation ce **soir**. J'arrive à la maison et mon partenaire est déjà dans la cuisine, en train de préparer notre dîner. Ça sent **très bon** ici ! Nous bavardons tout en cuisinant, prenant des nouvelles de nos journées respectives et partageant des petites histoires de nos vies professionnelles. La cuisine est ma pièce préférée dans notre appartement. J'adore cuisiner, et j'aime particulièrement cuisiner avec mon partenaire. Nous passons toujours un bon moment ici, à rire et à plaisanter pendant que nous cuisinons. De plus, la nourriture est toujours **incroyable** lorsque nous travaillons **ensemble**.

Ce soir, nous faisons l'une de mes recettes préférées : le **poulet au** parmesan. Mon partenaire commence par paner le poulet pendant que je fais mijoter la sauce sur la **cuisinière**. Nous travaillons ensemble comme une machine bien huilée, et en peu de temps, le dîner est prêt à être servi. Nous nous asseyons à notre petite table de cuisine avec des **assiettes** remplies de poulet

Cocinar la cena

Son las 5 de la tarde y estoy volviendo a casa desde el trabajo. Estoy **deseando pasar** una noche tranquila en casa con mi pareja. Prepararemos la cena juntos y luego nos relajaremos el resto de la noche. Me siento bien al saber que no tengo ningún plan ni obligación esta **noche**. Llego a casa y mi pareja ya está en la cocina, empezando a preparar nuestra cena. Huele **de maravilla**. Charlamos mientras cocinamos, poniéndonos al día y compartiendo pequeñas historias de nuestras vidas laborales. La cocina es mi habitación favorita de nuestro apartamento. Me encanta cocinar, y sobre todo cocinar con mi pareja. Siempre nos lo pasamos muy bien aquí, riendo y bromeando mientras cocinamos. Además, la comida siempre es **increíble** cuando trabajamos **juntos**.

Esta noche vamos a preparar una de mis recetas favoritas: **pollo** a la parmesana. Mi compañero empieza a empanar el pollo mientras yo pongo la salsa a hervir a **fuego** lento. Trabajamos juntos como una máquina bien engrasada y, en poco tiempo, la cena está lista para servir. Nos sentamos en nuestra pequeña mesa de cocina con **platos llenos** de pollo a la parmesana, pasta y ensalada. Brindamos por los vasos y damos el primer bocado, ¡y es **celestial**! El pollo está crujiente

au parmesan, de pâtes et de salade. Nous faisons tinter les verres et prenons notre première bouchée - et c'est **divin** ! Le poulet est croustillant à l'extérieur mais juteux à l'intérieur ; la sauce est savoureuse et parfaite ; les pâtes sont cuites al dente... tout a un goût absolument parfait ce soir. Nous savons tous les deux que c'était l'une de ces nuits où tout s'est parfaitement réuni alors que nous **savourons** chaque bouchée de notre délicieux repas. Le goût était encore meilleur que l'odeur, qui était sacrément bonne ! Nous terminons notre repas assez rapidement car aucun de nous n'a particulièrement faim aujourd'hui, mais nous prenons notre temps en dégustant quelques **verres** de vin supplémentaires tout en discutant légèrement de tel ou tel sujet. Après le dîner, nous nettoyons rapidement ensemble et passons au salon, où nous passons un moment à **nous câliner** sur le canapé en regardant la télévision.

C'est tellement agréable d'être près l'un de l'autre après une longue journée de **travail** séparé. Je me sens satisfaite. Même si la soirée n'a pas été très animée, c'était agréable de passer du temps ensemble sans avoir à quitter la maison. Nous avons regardé un film et nous nous sommes couchés tôt, **satisfaits** de notre simple soirée. C'est devenu l'une de nos activités **préférées** les soirs où nous n'avons pas envie de sortir - se détendre à la maison et profiter de la compagnie de l'autre autour d'un repas fait maison.

por fuera pero jugoso por dentro; la salsa es sabrosa y perfecta; la pasta está cocida al dente... todo sabe absolutamente perfecto esta noche. Los dos sabemos que esta fue una de esas noches en las que todo salió a la perfección mientras **saboreamos** hasta el último bocado de nuestra deliciosa comida. Sabía incluso mejor de lo que olía, ¡que era muy bueno! Terminamos la comida relativamente rápido, ya que ninguno de los dos tiene especial hambre hoy, pero nos tomamos nuestro tiempo para disfrutar de unas cuantas **copas** de vino más mientras charlamos ligeramente sobre este y aquel tema. Después de la cena, limpiamos juntos rápidamente y nos trasladamos al salón, donde pasamos un rato **acurrucados** en el sofá mientras vemos la televisión.

Es tan agradable estar cerca el uno del otro después de un largo día **de trabajo** separados. Me siento satisfecha. Aunque no hemos tenido una noche agitada, ha sido agradable pasar un rato juntos sin tener que salir de casa. Vimos una película y nos fuimos a la cama temprano, **satisfechos** de nuestra sencilla noche. Esto se ha convertido en una de nuestras actividades **favoritas** en las noches en las que no queremos salir: relajarnos en casa y disfrutar de la compañía del otro con una comida casera.

Questions de compréhension

1. D'où vient le narrateur ?

2. Que fait le narrateur après le travail ?

3. Que mange le narrateur pour le dîner ?

4. Pourquoi le narrateur aime-t-il la cuisine ?

5. Quel genre de plat le couple cuisine-t-il ?

6. Que ressent le narrateur à la fin de la soirée ?

7. Quelle est l'activité préférée du couple ?

8. Que fait le couple quand il est fatigué ?

9. Où dorment-ils ?

10. Pourquoi le narrateur aime-t-il rester à la maison ?

Preguntas de comprensión

1. ¿De dónde viene el narrador?

2. ¿Qué hace el narrador después del trabajo?

3. ¿Qué come el narrador en la cena?

4. Por qué le gusta la cocina al narrador?

5. ¿Qué tipo de plato cocina la pareja?

6. Cómo se siente el narrador al final de la velada?

7. ¿Qué es lo que más le gusta hacer a la pareja?

8. ¿Qué hace la pareja cuando se cansa?

9. ¿Dónde duermen?

10. ¿Por qué al narrador le gusta quedarse en casa?

Walking Home

C'était une nuit **paisible** alors que je rentrais du travail. En marchant, je ne pouvais m'empêcher de sourire aux souvenirs. C'était bon d'être de retour dans mon ancien quartier. J'ai salué quelques personnes que je connaissais, et elles m'ont salué en retour. C'était bon d'être chez soi. Je suis passé devant mon ancienne école et je **me suis souvenu de** tous les bons moments que j'ai passés avec mes amis. On rentrait toujours ensemble à la maison et on parlait de notre journée. **Parfois,** on s'arrêtait pour acheter une glace ou aller au parc. C'était les meilleurs moments. Ces moments me manquent. Mais maintenant, j'ai ma propre famille et je suis heureuse de ma vie. Je suis heureux de pouvoir repenser à ces souvenirs et de sourire. Ils font partie de ma vie et je les chérirai toujours. C'était les meilleurs moments. Ils me manquent. Mais maintenant, j'ai ma propre famille et je suis heureux de ma vie. Je suis heureux de pouvoir repenser à ces **souvenirs** et de sourire. Ils font partie de ma vie et je les chérirai toujours.

Je continue à marcher, en pensant aux bons moments que j'ai passés avec mes amis. Je sais que je les reverrai bientôt. Je me dirige vers ma maison et décide de me promener dans un parc à proximité. Le soleil se

Caminando a casa

Era una noche **tranquila mientras volvía** a casa desde el trabajo. Mientras caminaba, no pude evitar sonreír ante los recuerdos. Me sentí bien al volver a mi antiguo barrio. Saludé a algunos conocidos y ellos me devolvieron el saludo. Era bueno estar en casa. Pasé por delante de mi antigua escuela y **recordé** todos los buenos momentos que pasé con mis amigos. Siempre íbamos juntos a casa y hablábamos de nuestro día. **A veces** nos parábamos a tomar un helado o íbamos al parque. Eran los mejores momentos. Echo de menos esos momentos. Pero ahora tengo mi propia familia y soy feliz con mi vida. Me alegro de poder recordar esos momentos y sonreír. Son una parte de mi vida que siempre apreciaré. Fueron los mejores tiempos. Echo de menos esos tiempos. Pero ahora tengo mi propia familia y soy feliz con mi vida. Me alegro de poder mirar atrás a esos **recuerdos** y sonreír. Son una parte de mi vida que siempre apreciaré.

Sigo caminando, pensando en los buenos momentos que pasé con mis amigos. Sé que los volveré a ver pronto. Me dirijo hacia mi casa y decido pasear por un parque cercano. El sol se está poniendo y el cielo se está volviendo de un **hermoso color** naranja. El parque está vacío, a excepción de algunos pájaros

couche et le ciel prend une **belle** couleur orange. Le parc est vide, à l'exception de quelques oiseaux qui gazouillent dans les arbres. Je prends une profonde **inspiration** et je souris. Alors que je marche dans le parc, je vois une étoile filante traverser le ciel. J'ai fait un vœu sur cette étoile et j'ai continué à marcher. Je pense à ma journée de travail et au **calme qui** y régnait. Je souris à moi-même, en pensant à la chance que j'ai d'avoir un si bon travail. Je rentre chez moi, en **sentant l'**air frais de la nuit sur ma peau. Je me sens si vivante et heureuse, en appréciant le simple fait de rentrer chez moi par une nuit paisible.

Je me sentais si bien que j'ai commencé à **siffler**. Je suis passé devant quelques personnes dans la rue, mais elles s'occupaient toutes de leurs affaires.

J'ai tourné le coin de ma rue et j'ai vu le chat de mon voisin, M. Whiskers, assis sur mon porche. Je lui ai dit bonjour et il miaulait en retour. J'ai **déverrouillé** ma porte et je suis entrée. J'étais si heureuse d'être chez moi. J'ai enlevé mes chaussures et me suis préparée pour aller me coucher. Je me suis couchée ce soir-là, heureuse et reconnaissante, le cœur plein d'amour. J'ai dormi profondément toute la nuit, sans me soucier de rien. Je me suis réveillée d'un sommeil réparateur et j'ai été **accueillie** par le soleil qui brillait à travers ma fenêtre. Je suis sorti du lit et me suis étiré, prenant une profonde inspiration et sentant l'air frais remplir mes poumons.

que cantan en los árboles. **Respiro** profundamente y sonrío. Mientras camino por el parque, veo una estrella fugaz que atraviesa el cielo. Pido un deseo a esa estrella y sigo caminando. Pienso en mi día de trabajo y en lo **tranquilo que** ha sido. Sonrío para mis adentros, pensando en la suerte que tengo de tener un trabajo tan bueno. Vuelvo a casa, **sintiendo** el aire fresco de la noche en mi piel. Me siento tan viva y feliz, disfrutando del simple hecho de volver a casa en una noche tranquila.

Me sentí tan bien que empecé a **silbar**. Pasé por delante de algunas personas en la calle, pero todas estaban ocupadas en sus propios asuntos.

Doblé la esquina de mi calle y vi al gato de mi vecino, el Sr. Bigotes, sentado en mi porche. Le saludé y me devolvió el maullido. **Abrí** la puerta y entré. Estaba muy contenta de estar en casa. Me quité los zapatos y me preparé para ir a la cama. Esa noche me acosté feliz y agradecida, con el corazón lleno de amor. Dormí profundamente toda la noche, sin preocuparme por nada. Me desperté de un sueño reparador y **me recibió** el sol que entraba por la ventana. Me levanté de la cama y me estiré, respirando profundamente y sintiendo cómo el aire fresco llenaba mis pulmones.

Questions de compréhension

1. Que faisait le protagoniste au début de l'histoire ?

2. A quoi pensait le protagoniste en rentrant chez lui ?

3. Qu'est-ce que le protagoniste avait l'habitude de faire avec ses amis après l'école ?

4. Qu'est-ce que le protagoniste regrette de cette époque ?

5. Que pense le protagoniste de sa vie actuelle ?

6. Que fait le protagoniste lorsqu'il voit une étoile filante ?

7. Que ressent le protagoniste lorsqu'il rentre à pied chez lui ?

8. Que fait le protagoniste lorsqu'il rentre chez lui ?

Preguntas de comprensión

1. ¿Qué hacía el protagonista cuando empezó la historia?

2. En qué pensaba el protagonista cuando volvía a casa?

3. Qué solía hacer el protagonista con sus amigos después del colegio?

4. Qué echa de menos el protagonista de aquellos tiempos?

5. Qué piensa el protagonista de su vida actual?

6. Qué hace el protagonista cuando ve una estrella fugaz?

7. Cómo se siente el protagonista cuando camina hacia su casa?

8. Qué hace el protagonista cuando llega a su casa?

Le château

La famille avait toujours voulu visiter un vieux château en **Allemagne**, et elle a finalement fait le voyage. Ils n'ont pas été **déçus**. Le château était magnifique, et ils ont pris plaisir à explorer ses nombreuses pièces et couloirs. La première chose qui les frappe est l'odeur. Ils ont trouvé de la **moisissure**, de l'humidité et quelque chose d'autre qu'ils n'ont pas réussi à identifier. La deuxième chose a été le son. Les murs de pierre sont épais, mais ils n'étouffent pas complètement le son. Ils ont entendu chaque pas, chaque mot prononcé d'une voix normale, et le goutte-à-goutte occasionnel de l'eau **quelque part** au loin. Lorsque leurs yeux se sont adaptés à la faible lumière, ils ont vu des murs de pierre massifs se dresser tout autour d'eux, des tapisseries y étant suspendues en **lambeaux**. Ils se tenaient dans un immense hall avec un haut plafond soutenu par des piliers sculptés. Ils ont également adoré les vues depuis les tourelles, et les enfants ont eu beaucoup de plaisir à courir dans le parc. Le **soleil** avait commencé à se coucher lorsqu'ils ont fini d'explorer le château, et ils ont regretté de ne pas avoir apporté de **lampe de poche**. Ils ont décidé de retourner à l'entrée, mais ils se sont vite perdus. Ils errent pendant des heures, jusqu'à ce qu'ils trouvent enfin une porte qui mène à l'extérieur. Ils ont continué jusqu'à ce qu'ils **atteignent le** bout du

El castillo

La familia siempre había querido visitar un antiguo castillo en **Alemania,** y finalmente hicieron el viaje. No **les decepcionó**. El castillo era precioso y disfrutaron explorando sus numerosas habitaciones y pasillos. Lo primero que les llamó la atención fue el olor. Encontraron **moho**, humedad y algo más que no pudieron determinar. Lo segundo fue el sonido. Las paredes de piedra son gruesas, pero no amortiguan el sonido por completo. Oyeron cada paso, cada palabra pronunciada con voz normal y el ocasional goteo de agua en **algún lugar** de la distancia. Cuando sus ojos se adaptaron a la escasa luz, vieron que a su alrededor se alzaban enormes muros de piedra, de los que colgaban tapices **hechos jirones**. Se encontraban en un enorme salón con un alto techo sostenido por pilares tallados. También les encantaron las vistas desde las torretas, y los niños se lo pasaron en grande corriendo por el recinto. El **sol** había empezado a ponerse cuando terminaron de explorar el castillo, y lamentaron no haber traído una **linterna**. Decidieron volver a la entrada, pero pronto se perdieron. Estuvieron dando vueltas durante horas, hasta que finalmente dieron con una puerta que conducía al exterior. Continuaron hasta **llegar** al final del pasillo y se encontraron con un imponente conjunto de puertas dobles. Por mucho

couloir et arrivent à une imposante série de doubles portes. Ils ont beau essayer, les portes ne bougent pas. Elles cliquettent **sinistrement** mais ne bougent pas d'un pouce. On dirait que celui qui était ici avant a dû passer par là et les verrouiller de l'intérieur. Finalement, ils ont trouvé un moyen de sortir. Le soulagement les envahit alors qu'ils sortent dans l'air frais de la nuit.

Le soleil avait commencé à se coucher, et ils **regrettaient de ne pas avoir** apporté de lampe de poche. Ils ont décidé de retourner à l'entrée, mais ils se sont vite perdus. Ils ont erré pendant ce qui leur a semblé être des heures, jusqu'à ce qu'ils trouvent enfin une porte qui menait à **l'extérieur**. Le soulagement les a envahis alors qu'ils sortaient dans l'air frais de la nuit. Le lendemain soir, ils ont pris soin d'emporter une lampe de poche pour explorer le reste du château. Ils ont traversé la **cour** et sont descendus jusqu'à la rivière qui coulait derrière les murs du **château**. Alors qu'ils se promenaient, ils ont commencé à entendre des bruits étranges. On aurait dit que quelqu'un les suivait. Ils accélèrent le pas, mais les bruits deviennent plus forts et plus proches. Les membres de la famille courent vers le château aussi vite qu'ils le peuvent, et ils sont soulagés de voir que la silhouette au manteau **sombre** ne les a pas suivis.

que lo intenten, las puertas no se mueven. Traquetean **siniestramente** pero no se mueven ni un centímetro. Parece que quienquiera que haya estado aquí antes debe haber pasado por aquí y haberlas cerrado desde dentro. Finalmente, encuentran una salida. El alivio los invade cuando salen al aire fresco de la noche.

El sol empezaba a ponerse y **lamentaron no haber** traído una linterna. Decidieron volver a la entrada, pero pronto se perdieron. Estuvieron dando vueltas durante horas, hasta que finalmente dieron con una puerta que daba **al exterior**. El alivio los invadió cuando salieron al aire fresco de la noche. A la noche siguiente, se aseguraron de llevar una linterna para explorar el resto del castillo. Atravesaron el **patio** y bajaron hasta el río que corría detrás de los muros del castillo. Mientras caminaban, empezaron a oír ruidos extraños. Parecía que alguien les seguía. Aceleraron el paso, pero los ruidos eran cada vez más fuertes y cercanos. La familia corrió de vuelta al castillo tan rápido como pudo, y se sintió aliviada al ver que la figura de la capa **oscura** no les había seguido.

Questions de compréhension

1. Qu'a fait la famille lorsqu'elle s'est perdue dans le château ?

2. Comment la famille s'est-elle sentie quand elle a découvert que c'était juste un homme du coin ?

3. Qu'a fait l'homme qui a été arrêté ?

4. Quelle a été la sentence pour cet homme ?

5. Quel bruit la famille a-t-elle entendu pendant qu'elle marchait ?

6. Où était le personnage au manteau sombre quand la famille l'a vu ?

7. Qu'a fait la famille en rentrant dans sa chambre ?

8. Quand la famille est-elle repartie explorer le château ?

Preguntas de comprensión

1. ¿Qué hizo la familia cuando se perdió en el castillo?

2. Cómo se sintió la familia cuando descubrieron que era sólo un hombre del lugar?

3. ¿Qué hizo el hombre para que lo arrestaran?

4. Cuál fue la sentencia para el hombre?

5. Qué ruido escuchó la familia mientras caminaba?

6. Dónde estaba la figura de la capa oscura cuando la familia lo vio?

7. Qué hizo la familia al volver a su habitación?

8. ¿Cuándo volvió la familia a explorar el castillo?

Mon jardin

Mon jardin est mon coin de paradis. J'y vais tous les jours, qu'il pleuve ou qu'il vente, et je passe du temps à m'occuper de mes plantes. J'ai un peu de **tout :** **légumes**, fruits, fleurs, herbes. J'ai même quelques poules qui m'aident à tenir les parasites à distance. Je commence mes journées dans le jardin en ramassant les œufs des poules. Puis je vérifie que mes légumes reçoivent suffisamment d'eau et de soleil. Je désherbe les plates-bandes et j'élimine les insectes qui pourraient **attaquer** les plantes. Une fois que **tout est** fait, je m'assois et je profite de la paix et du calme de la nature.

J'ai toujours aimé passer du temps dans mon jardin. Il y a quelque chose dans le fait d'être entouré par la nature et toute la **beauté qu'**elle a à offrir. Je trouve que c'est un endroit très paisible et apaisant. Je passe souvent du temps dans mon jardin à me détendre et à profiter du paysage. J'aime aussi travailler dans mon jardin et faire pousser des choses. J'ai un jardin d'assez bonne taille et j'aime y faire pousser toutes **sortes** de choses. Je fais pousser des fleurs, des **légumes** et des herbes aromatiques. J'ai aussi quelques arbres fruitiers qui produisent de délicieuses pommes, poires et prunes. En plus de faire pousser des choses, j'aime

Mi jardín

Mi jardín es mi lugar feliz. Salgo todos los días, llueva o haga sol, y me dedico a cuidar mis plantas. Tengo un poco de **todo: verduras**, frutas, flores y hierbas. Incluso tengo unas cuantas gallinas que me ayudan a mantener a raya las plagas. Empiezo mis días en el jardín recogiendo los huevos de las gallinas. Luego compruebo que las verduras reciben suficiente agua y sol. Deshierbo los parterres y elimino los bichos que puedan estar **atacando** las plantas. Una vez que **todo** está resuelto, me siento a disfrutar de la paz y la tranquilidad de la naturaleza.

Siempre me ha gustado pasar tiempo en mi jardín. Hay algo en estar rodeado de la naturaleza y de toda la **belleza que** ofrece. Me parece un lugar muy tranquilo y calmado. A menudo paso tiempo en mi jardín relajándome y disfrutando del paisaje. También me gusta trabajar en mi jardín y cultivar cosas. Tengo un jardín bastante grande y me gusta cultivar **diferentes** cosas en él. Cultivo flores, **verduras** y hierbas. También tengo algunos árboles frutales que producen deliciosas manzanas, peras y ciruelas. Además de cultivar cosas, también me gusta pasar tiempo paseando por mi jardín, **admirando todas las** plantas y animales que lo llaman hogar. He pasado muchas horas a lo largo de los años

aussi passer du temps à me promener dans mon jardin, à **admirer** toutes les plantes et tous les animaux qui y vivent. J'ai passé de nombreuses heures au fil des ans à faire de mon **jardin** un endroit non seulement beau mais aussi fonctionnel. J'aime regarder les oiseaux voltiger et les écouter chanter. Parfois, je sors même un livre et je lis dans le jardin, entourée de toute la beauté que j'ai créée. Le **jardinage** est ma passion et il m'apporte tant de joie. Chaque jour dans mon jardin est un bon jour.

L'une des choses que j'aime faire, c'est cuisiner. Il est donc très **important pour moi d'**avoir un jardin d'herbes aromatiques bien garni. Le thym, le basilic, l'origan, le romarin, la sauge et la lavande sont quelques-unes des herbes que j'aime faire pousser dans mon jardin pour pouvoir les utiliser lorsque je prépare des repas pour moi ou pour mes **invités**. Une autre chose qui est importante pour moi quand il s'agit de mon jardin, c'est de m'assurer qu'il y a beaucoup de couleurs dans tout le jardin. Pour atteindre cet objectif, je cultive une grande variété de fleurs, notamment des **roses**, des lys, des marguerites, des tulipes, des impatiens, des soucis, etc. En plus d'ajouter de la couleur avec les fleurs, j'aime aussi ajouter de l'intérêt en utilisant différentes **textures** dans le jardin. Par exemple, je peux planter des fougères sous des tournesols imposants ou des hostas à **côté de** graminées ornementales hérissées.

trabajando para hacer de mi **jardín** un lugar no sólo hermoso sino también funcional. Me encanta ver a los pájaros revolotear y escucharlos cantar. A veces incluso saco un libro y leo en el jardín mientras estoy rodeada de toda la belleza que he creado. **La jardinería** es mi pasión y me da mucha alegría. Cada día en mi jardín es un buen día.

Una de las cosas que me gusta hacer es cocinar, así que tener un jardín de hierbas bien surtido es muy **importante para** mí. El tomillo, la albahaca, el orégano, el romero, la salvia y la lavanda son algunas de las hierbas que me gusta cultivar en mi jardín para poder utilizarlas cuando cocino para mí o para **mis invitados**. Otra cosa importante para mí cuando se trata de mi jardín es asegurarse de que haya mucho color en él. Para conseguirlo, cultivo una gran variedad de flores, como **rosas**, lirios, margaritas, tulipanes, impatiens, caléndulas, etc. Además de añadir color con las flores, también me gusta añadir interés utilizando diferentes **texturas** por todo el jardín. Por ejemplo, puedo plantar helechos debajo de grandes girasoles o hostas **junto a** hierbas ornamentales de punta.

Questions de compréhension

1. Où se trouve le jardin de l'auteur ?

2. Combien de poulets l'auteur possède-t-il ?

3. Que fait l'auteur dans le jardin tous les jours ?

4. Pourquoi l'auteur aime-t-il le jardin ?

5. Quelles herbes l'auteur plante-t-il dans le jardin ?

6. Pourquoi est-il important pour l'auteur qu'il y ait beaucoup de couleurs dans son jardin ?

7. Comment l'auteur apporte-t-il de la variété à son jardin ?

8. Que ressent l'auteur lorsqu'il travaille dans son jardin?

9. Qu'est-ce qui fait que l'auteur se sent connecté quand il est dans son jardin ?

Preguntas de comprensión

1. ¿Dónde está el jardín del autor?

2. ¿Cuántas gallinas tiene el autor?

3. ¿Qué hace el autor en el jardín cada día?

4. Por qué le gusta el jardín al autor?

5. ¿Qué hierbas planta el autor en el jardín?

6. Por qué es importante para el autor que haya muchos colores en su jardín?

7. Cómo aporta el autor variedad a su jardín?

8. Cómo se siente el autor cuando trabaja en su jardín?

9. ¿Qué hace que el autor se sienta conectado cuando está en su jardín?

Faire du shopping

J'adore aller **faire du shopping** au centre commercial. C'est toujours très amusant de se promener et de regarder tous les différents magasins. Il y en a pour tous les goûts au centre commercial et c'est toujours l'endroit idéal pour faire des affaires sur les vêtements, les chaussures et les accessoires. Je commence **généralement** mon shopping en passant par l'**entrée** principale du centre commercial. De là, je me dirige d'abord vers mes magasins préférés. Après avoir fait le tour de ces magasins, je me promène pour voir s'il y a des soldes dans d'autres endroits. Je finis généralement par passer quelques heures dans le centre commercial avant de faire mes achats. J'aime toujours prendre mon temps lorsque je fais du shopping, **car** je veux être sûre d'obtenir **exactement** ce que je veux. En plus, c'est plus amusant comme ça !

Je trouve toujours **fascinant** d'observer les gens quand je suis au centre commercial. On peut vraiment en apprendre beaucoup sur une personne par sa façon de faire ses courses. Certaines personnes sont très méthodiques et prennent leur temps, tandis que d'autres semblent prendre **tout ce qu'**elles peuvent et se diriger vers la caisse aussi vite que possible. Il y a aussi les acheteurs qui semblent plus intéressés

Ir de compras

Me encanta ir **de compras** al centro comercial. Siempre es muy divertido pasear y ver todas las tiendas. Hay algo para todo el mundo en el centro comercial, y siempre es un buen lugar para encontrar ofertas en ropa, zapatos y accesorios. **Suelo** empezar mis compras por la **entrada** principal del centro comercial. Desde allí, me dirijo primero a mis tiendas favoritas. Después de mirar esas tiendas, me doy una vuelta para ver si hay rebajas en otros sitios. Suelo pasar un par de horas en el centro comercial antes de hacer mis compras. Siempre me gusta tomarme mi tiempo cuando voy de compras **porque** quiero asegurarme de que estoy comprando **exactamente** lo que quiero. Además, así es más divertido.

Siempre me parece **fascinante** observar a la gente mientras estoy en el centro comercial. Se puede saber mucho de una persona por su forma de comprar. Algunas personas son muy metódicas y se toman su tiempo, mientras que otras parecen coger **todo lo que** pueden y dirigirse a la caja lo más rápido posible. También hay compradores que parecen más interesados en hablar por el móvil o enviar mensajes de texto que en mirar la mercancía. Sin embargo, sea cual sea el tipo de comprador, a todo el mundo

à parler au téléphone portable ou à envoyer des SMS qu'à regarder la marchandise ! Quel que soit le type d'acheteur, tout le monde semble apprécier le lèche-vitrine, même si vous n'achetez rien. Il y a quelque chose qui me rend heureuse dans le fait de regarder toutes ces jolies choses dans les **vitrines des magasins**. Parfois, je m'imagine comment ce serait si je pouvais m'offrir **tout ce que** je vois ! En fin de compte, passer une journée à faire du shopping au centre commercial est l'un de mes passe-temps favoris. C'est un excellent moyen de se détendre et de se relaxer tout en faisant un peu d'exercice (si vous marchez suffisamment). Et puis, c'est **toujours** agréable de s'offrir une nouvelle chemise ou une nouvelle paire de chaussures de temps en temps !

J'ai eu une **longue** journée de travail et j'ai enfin eu du temps pour moi, alors j'ai décidé d'aller faire du shopping au centre commercial. J'avais besoin de nouveaux vêtements pour la saison **à venir**. Dès que je suis entrée, j'ai vu toutes les lumières vives et les façades brillantes des magasins. Je me suis dirigée vers mon magasin préféré en premier et j'ai commencé à parcourir les rayons. J'ai trouvé quelques jolis hauts et les ai essayés dans la cabine d'essayage. Alors que je me regardais dans le miroir, j'ai entendu quelqu'un entrer dans la cabine d'**essayage** à côté de la mienne. J'ai reconnu sa voix comme étant celle d'un de mes collègues de travail.

le gusta mirar los escaparates, aunque no compre nada. Hay algo en mirar todas las cosas bonitas de los **escaparates** que me hace feliz. A veces fantaseo con cómo sería si pudiera comprar **todo lo** que veo. En definitiva, pasar un día de compras en el centro comercial es uno de mis pasatiempos favoritos. Es una forma estupenda de relajarse y desconectar al tiempo que se hace un poco de ejercicio (si se camina lo suficiente). Además, **siempre está bien darse un** capricho con una camisa o un par de zapatos nuevos de vez en cuando.

Tuve un **largo** día de trabajo y por fin tuve algo de tiempo para mí, así que decidí ir de compras al centro comercial. Necesitaba ropa nueva para la **próxima** temporada. Nada más entrar, vi todas las luces brillantes y los escaparates relucientes. Me dirigí primero a mi tienda favorita y empecé a mirar los estantes. Encontré unos cuantos tops bonitos y me los probé en el probador. Mientras me miraba en el espejo, oí que alguien entraba en el **probador** contiguo al mío. Reconocí su voz como la de una de mis compañeras de trabajo.

Questions de compréhension

1. Où aimez-vous le plus stocker ?

2. Quel est votre magasin préféré dans le centre commercial ?

3. Combien de temps restez-vous habituellement au centre commercial ?

4. Que pensez-vous des personnes qui passent beaucoup de temps au centre commercial ? 5. Quelle est votre activité préférée au centre commercial ?

6. Avez-vous déjà acheté quelque chose au centre commercial alors que vous n'en aviez pas vraiment besoin ?

7. Comment réagissez-vous lorsque vous voyez au centre commercial un article que vous aimeriez vraiment, mais qui est trop cher ?

8. Avez-vous déjà vu quelque chose au centre commercial en vous demandant qui l'achèterait ?

Preguntas de comprensión

1. ¿Dónde le gusta más almacenar?

2. ¿Cuál es su tienda favorita en el centro comercial?

3. ¿Cuánto tiempo suele permanecer en el centro comercial?

4. ¿Qué opinas de la gente que pasa mucho tiempo en el centro comercial?

5. ¿Qué es lo que más le gusta hacer en el centro comercial?

6. ¿Has comprado alguna vez algo en el centro comercial cuando realmente no lo necesitabas?

7. ¿Cómo reaccionas cuando ves algo en el centro comercial que te gustaría mucho, pero es demasiado caro?

8. ¿Has visto alguna vez algo en el centro comercial y te has preguntado quién lo compraría?

Au marché

Je me réveille tôt le samedi matin, impatiente de me rendre au **marché** avant qu'il ne soit trop fréquenté. Je m'habille et je sors, en prenant mes sacs réutilisables en chemin. En marchant, je commence à planifier ce que je veux faire pour la semaine à venir. Je sais que je veux faire **rôtir des** légumes au moins une fois, donc je vais devoir acheter des légumes de bonne qualité. Je veux aussi faire une soupe ou un ragoût, et je vais donc devoir acheter de la viande. Je verrai bien ce qui me semble bon quand je serai sur place. Le marché n'est qu'à quelques rues de là, et je vois déjà les étals installés et les **gens qui** s'agitent.

J'arrive au marché et me dirige directement vers le stand des légumes. La sélection est magnifique, et je remplis mes sacs d'une variété de produits **frais**. Je discute un peu avec le fermier et il me recommande quelques recettes. J'ai hâte de les essayer. Je discute avec les **agriculteurs** pendant que je fais mes courses, pour apprendre à les connaître et à connaître leurs produits. Après avoir acheté tous les légumes dont j'ai besoin, je passe à la section des viandes. Je suis un peu plus hésitante, car je ne suis pas sûre de ce que je veux acheter. J'opte finalement pour du poulet, car il est polyvalent et peut être utilisé dans de nombreux

En el mercado

Me levanto temprano el sábado por la mañana, ansiosa por llegar al **mercado** antes de que se llene de gente. Me pongo algo de ropa y salgo por la puerta, cogiendo mis bolsas reutilizables por el camino. Mientras camino, empiezo a planear lo que quiero hacer para la semana que viene. Sé que quiero **asar** verduras al menos una vez, así que tendré que comprar verduras de buena calidad. También quiero hacer una sopa o un guiso, así que también tendré que comprar carne. Tendré que ver qué tiene buena pinta cuando llegue allí. El mercado está a unas pocas manzanas y ya veo los puestos instalados y la **gente** arremolinada.

Llego al mercado y me dirijo directamente al puesto de verduras. La selección es preciosa y lleno mis bolsas con una gran variedad de productos **frescos**. Hablo un rato con el agricultor y me recomienda algunas recetas. Estoy deseando probarlas. Mientras compro, charlo con los **agricultores para** conocerlos a ellos y a sus productos. Cuando tengo todas las verduras que necesito, paso a la sección de carne. Aquí estoy un poco más indecisa, ya que no estoy segura de lo que quiero comprar. Al final me decido por el pollo porque es versátil y se puede utilizar en una gran variedad de platos. También compro varios cortes de carne,

plats. J'achète également quelques morceaux de viande différents, en veillant à prendre du bœuf nourri à l'herbe et du **poulet** élevé en plein air. Le boucher est un homme sympathique, toujours de bonne humeur malgré ses longues heures de travail. Il a emballé mes blancs de poulet et mon steak avant de me parler de ses projets pour le week-end. Je lui ai dit au revoir et j'ai continué mon chemin. J'ai également acheté des œufs et du fromage au rayon produits laitiers.

Le marché grouille de gens, tous impatients de mettre la **main sur les** produits frais et la viande proposés. L'odeur de l'ail et des oignons flottait dans l'air, et le son des rires et des conversations était omniprésent. Je me suis frayé un chemin dans la foule, en choisissant les autres articles dont j'avais besoin pour mes courses de la semaine. J'ai rempli mon **panier** de fruits et légumes, de pâtes et de pain, avant de me diriger vers la caisse. La file d'attente est longue, mais elle avance rapidement. Enfin, j'ai acheté les dernières **provisions et il est** temps de rentrer à la maison. La voiture est chargée, et le chemin du retour est long et fastidieux. La circulation est dense et la chaleur est accablante. Enfin, la voiture se gare dans l'allée et le soulagement est palpable. La maison était fraîche et calme, et c'était un havre de paix après l'**agitation** du marché.

asegurándome de comprar carne de vaca alimentada con pasto y **pollo** de corral. El carnicero era un hombre amable, siempre alegre a pesar de las largas horas de trabajo. Me envolvió las pechugas de pollo y el filete antes de charlar conmigo sobre sus planes para el fin de semana. Me despedí de él y seguí mi camino. También compré huevos y queso en la sección de productos lácteos.

El mercado bullía de gente, todos ellos ansiosos por hacerse con los productos frescos y la carne que se ofrecían. El aire huele a ajo y cebolla, y el sonido de las risas y las conversaciones llena el ambiente. Me abrí paso entre la multitud, eligiendo los demás artículos que necesitaba para mi compra semanal. Llené mi **cesta** de fruta y verdura, pasta y pan, antes de dirigirme a la caja. La cola era larga, pero avanzaba rápidamente. Por fin, compré los últimos **alimentos** y fue hora de volver a casa. Cargamos el coche y el viaje a casa fue largo y tedioso. El tráfico era intenso y el calor era agobiante. Finalmente, el coche entró en la calzada y el alivio fue palpable. La casa estaba fresca y tranquila, y era un refugio después del **ajetreo** del mercado.

Questions de compréhension

1. Où la personne se rend-elle ?

2. Que veut acheter la personne ?

3. Combien de sacs la personne possède-t-elle ?

4. A quelle distance se trouve le marché ?

5. Que fait la personne en ce moment ?

6. Que se passe-t-il sur le marché ?

7. Combien y a-t-il de personnes sur le marché ?

8. Combien de temps a-t-il fallu à la personne pour tout acheter ?

9. Comment la personne est-elle rentrée chez elle ?

10. Qu'a fait la personne en rentrant chez elle ?

Preguntas de comprensión

1. ¿Dónde va la persona?

2. ¿Qué quiere comprar la persona?

3. ¿Cuántas bolsas tiene la persona?

4. ¿A qué distancia está el mercado?

5. ¿Qué está haciendo la persona en este momento?

6. ¿Qué hay de todo en el mercado?

7. ¿Cuántas personas hay en el mercado?

8. ¿Cuánto tiempo tardó la persona en comprar todo?

9. ¿Cómo regresó la persona a su casa?

10. ¿Qué hizo la persona cuando llegó a casa?

Dans un café

C'était un matin d'**automne** frisquet, et j'avais donné rendez-vous à mon amie Lily dans notre café préféré pour prendre un café. Je me suis enveloppée chaudement dans mon manteau et mon écharpe et je suis partie. Les feuilles tombaient des arbres et l'air était glacial, mais le soleil brillait et la journée promettait d'être magnifique. Tout en marchant, j'ai **pensé** à quel point c'était bien d'avoir une amie comme Lily. Nous étions amies depuis des années, depuis notre rencontre à l'**université**. Nous nous sommes liées par notre amour du café et du temps passé à discuter dans les cafés. Même si nous vivions dans des quartiers différents de la ville, nous nous retrouvions pour prendre un café une fois par semaine. Je suis arrivé au café, et Lily était déjà là, à m'attendre. Nous nous sommes embrassées et avons commandé nos cafés. Nous avons trouvé une table près de la fenêtre et nous nous sommes installées pour discuter. Le **café** était délicieux, comme toujours, et c'était si agréable de rattraper le temps perdu avec Lily. Nous avons parlé de notre semaine, de nos emplois et de nos projets pour l'avenir. C'était toujours si facile de parler à Lily, et j'avais l'impression que je pouvais tout lui dire. Après un moment, nous avons commencé à avoir faim et **avons décidé** de commander de la nourriture.

En una cafetería

Era una fría mañana **de otoño** y había quedado con mi amiga Lily en nuestra cafetería favorita para tomar un café. Me abrigué con mi abrigo y mi bufanda y me puse en marcha. Las hojas se caían de los árboles y el aire era un poco frío, pero el sol brillaba y prometía ser un día precioso. Mientras caminaba, **pensé** en lo bueno que era tener una amiga como Lily. Éramos amigas desde hacía años, desde que nos conocimos en **la universidad**. Nos unía nuestra afición al café y a pasar tiempo charlando en las cafeterías. Aunque ahora vivíamos en zonas distintas de la ciudad, nos las arreglábamos para quedar para tomar un café una vez a la semana. Llegué a la cafetería y Lily ya estaba allí, esperándome. Nos abrazamos y pedimos nuestros cafés. Encontramos una mesa junto a la ventana y nos sentamos a charlar. El **café** estaba delicioso, como siempre, y fue muy agradable ponerse al día con Lily. Hablamos de nuestra semana, nuestros trabajos y nuestros planes para el futuro. Siempre era tan fácil hablar con Lily, y sentía que podía contarle cualquier cosa. Después de un rato, empezamos a tener hambre y **decidimos** pedir algo de comida.

Pedimos la comida y nos sentamos junto a la ventana. El sol entraba por la ventana, haciendo que todo

Nous avons **commandé notre** nourriture et trouvé un siège près de la fenêtre. Le soleil brillait à travers la fenêtre, rendant le tout chaleureux et joyeux. Nous avons bavardé en mangeant, appréciant le simple plaisir d'être en **compagnie de l'autre**. Le café était occupé, mais il n'y avait pas de foule. Il y avait un sentiment de paix et de satisfaction dans l'air. Après avoir terminé notre repas, nous sommes restés assis un moment de plus, profitant de l'**atmosphère** paisible. Nous avons parlé pendant un moment de différentes choses qui avaient eu lieu dans nos vies. C'était si agréable de rattraper le temps perdu avec mon ami et de **se détendre**. Le soleil brillait à travers la fenêtre, et c'était comme si **rien ne** pouvait gâcher notre journée parfaite.

Soudain, j'ai entendu un grand fracas. Je me suis retourné pour voir qu'un homme avait traversé le plafond et gisait sur le sol devant nous. Il était **couvert** de poussière et de débris et semblait être inconscient. Mon ami et moi étions tous deux sous le choc en regardant l'homme allongé sur le sol. Nous ne savions pas quoi faire ni qui appeler à l'aide. Nous sommes restés assis là, à le regarder, sans savoir quoi faire. Après quelques minutes, je me suis ressaisie et j'ai appelé le 911. L'opérateur m'a dit que quelqu'un arriverait bientôt. J'ai raccroché le téléphone et j'ai raconté à mon ami ce que l'**opérateur avait** dit.

fuera cálido y alegre. Charlamos mientras comemos, disfrutando del simple placer de estar en **compañía** del otro. La cafetería estaba llena de gente, pero no se sentía abarrotada. Había una sensación de paz y satisfacción en el aire. Cuando terminamos nuestra comida, nos sentamos un rato más, disfrutando de la **atmósfera de** paz. Hablamos durante un rato de diferentes cosas que nos habían pasado en la vida. Fue muy agradable ponerse al día con mi amigo y **relajarse**. El sol brillaba a través de la ventana y parecía que **nada** podía arruinar nuestro día perfecto.

De repente, oí un fuerte golpe. Me di la vuelta y vi que un hombre había caído por el techo y estaba tendido en el suelo frente a nosotros. Estaba **cubierto** de polvo y escombros y parecía estar inconsciente. Mi amigo y yo nos quedamos en estado de shock mientras miramos al hombre tendido en el suelo. No sabíamos qué hacer ni a quién pedir ayuda. Nos quedamos sentados mirándole, sin saber qué hacer. Al cabo de unos minutos, me recuperé y llamé al 911. La operadora me dijo que alguien llegaría pronto. Colgué el teléfono y le conté a mi amigo lo que había dicho la operadora.

Questions de compréhension

1. D'où vient l'homme qui tombe à travers le toit ?

2. Pourquoi la femme est-elle avec son ami dans le café ?

3. Quel est le café préféré des deux amis ?

4. Depuis combien de temps les deux amis se connaissent-ils ?

5. Quelle est la boisson préférée des deux amis ?

6. Dans quelle ville vivent les deux amis ?

7. Combien de fois les deux amis se rencontrent-ils ?

8. De quoi parlent les deux amis lorsqu'ils se rencontrent pour la première fois dans leur café préféré?

Preguntas de comprensión

1. ¿De dónde viene el hombre que cae por el tejado?

2. Por qué la mujer está con su amiga en el café?

3. Cuál es el café favorito de las dos amigas?

4. ¿Desde cuándo se conocen las dos amigas?

5. ¿Cuál es la bebida favorita de los dos amigos?

6. En qué ciudad viven los dos amigos?

7. ¿Con qué frecuencia se reúnen los dos amigos?

8. ¿De qué hablan los dos amigos cuando se encuentran por primera vez en su café favorito?

Aller nager

La piscine était toujours un endroit **rafraîchissant**, et aujourd'hui n'était pas différent. Le soleil brillait et l'eau semblait invitante. J'ai pris une profonde inspiration et j'ai plongé, sentant l'étreinte fraîche de l'eau. J'ai fait des longueurs pendant un moment, appréciant l'exercice et la possibilité de me vider la tête. Au bout d'un moment, je suis sorti et me suis séché, puis je me suis assis sur une serviette pour me détendre au soleil. J'ai fermé les yeux et laissé la **chaleur** m'envahir, sentant mes muscles se détendre. Soudain, j'ai entendu une éclaboussure et j'ai ouvert les yeux pour voir ma petite sœur **pagayer dans la** partie peu profonde. J'ai souri et je l'ai regardée pendant un moment, puis je me suis levée et je suis allée vers elle. Nous avons bavardé un peu et pataugé ensemble, appréciant la compagnie de l'autre. Nos parents nous ont bientôt rejoints et nous avons passé le reste de l'après-midi à nager et à jouer ensemble. C'était toujours très agréable de passer du temps avec la famille à la piscine. Il y a **quelque chose** dans le fait d'être dans l'eau qui semble rassembler les gens. Peut-être est-ce parce que nous sommes tous égaux lorsque nous sommes dans l'eau - nous ne pouvons pas cacher nos défauts ou prétendre être ce que nous ne sommes pas. Ou peut-être est-ce simplement parce que c'est amusant ! **Quelle que**

Ir a nadar

La piscina siempre era un lugar **refrescante,** y hoy no era diferente. El sol brillaba y el agua parecía atractiva. Respiré profundamente y me zambullí, sintiendo el fresco abrazo del agua. Nadé un rato, disfrutando del ejercicio y de la oportunidad de despejar la cabeza. Después de un rato, salí y me sequé, y me senté en una toalla para relajarme al sol. Cerré los ojos y dejé que el **calor** me bañara, sintiendo que mis músculos empezaban a relajarse. De repente, oigo un chapoteo y abro los ojos para ver a mi hermana pequeña **remando** en la parte menos profunda. Sonreí y la observé durante un rato, luego me levanté y me acerqué a ella. Charlamos un rato y remamos juntas, disfrutando de la compañía de la otra. Pronto se unieron nuestros padres y pasamos el resto de la tarde nadando y jugando juntos. Siempre es muy agradable pasar tiempo con la familia en la piscina. Hay **algo** en el agua que parece unir a la gente. Tal vez sea porque todos somos iguales cuando estamos en el agua, no podemos ocultar nuestros defectos ni fingir lo que no somos. O tal vez porque es divertido. **Cualquiera que sea** la razón, me alegro de que hayamos podido reunirnos y disfrutar de la compañía de los demás en un lugar tan especial.

El sol golpeaba mi piel y el olor a cloro estaba en el

soit la raison, j'étais simplement heureuse que nous puissions tous nous réunir et profiter de la compagnie des autres dans un endroit aussi spécial.

Le soleil tapait sur ma peau et l'odeur du chlore flottait dans l'air. J'entendais le bruit des enfants qui riaient et barbotaient dans la piscine. J'étais allongée sur une chaise **longue près de la** piscine, profitant du soleil et **de la** journée. J'avais les yeux fermés et j'étais sur le point de m'endormir lorsque j'ai entendu quelqu'un s'approcher de moi. J'ai ouvert les yeux et j'ai vu une femme debout à côté de moi. Elle portait un bikini et avait une serviette enroulée autour de sa taille. Elle avait de longs cheveux blonds et des yeux bleus. Elle tenait une bouteille de **crème solaire** dans sa main. "Ça te dérange si je mets de la crème solaire sur ton dos ?" a-t-elle demandé. "Non, ça va", ai-je répondu, en me redressant pour qu'elle puisse atteindre mon dos. J'ai senti ses mains sur ma peau alors qu'elle appliquait la crème solaire.

Son toucher était doux et l'odeur de la crème solaire était apaisante. J'ai fermé les yeux à nouveau et me suis laissé aller à la détente. Je pouvais entendre le **bruit** de ses mouvements, mais je n'ai pas ouvert les yeux. Je me suis contenté de rester allongé au soleil, en écoutant le bruit des vagues qui **s'écrasaient** sur le rivage. Après quelques minutes, elle s'est éloignée, et j'ai ouvert les yeux.

aire. Oigo el sonido de los niños riendo y chapoteando en la piscina. Estaba tumbada en una tumbona junto a la piscina, tomando el sol y **disfrutando** del día. Tenía los ojos cerrados y estaba a punto de dormirme cuando oí que alguien se acercaba a mí. Abrí los ojos y vi a una mujer de pie junto a mí. Llevaba un bikini y una toalla alrededor de la cintura. Tenía el pelo largo y rubio y los ojos azules. Llevaba un bote de **crema solar** en la mano. "¿Te importa si te pongo un poco de crema solar en la espalda?", me preguntó. "No, está bien", dije, sentándome para que pudiera alcanzar mi espalda. Sentí sus manos en mi piel mientras me aplicaba el protector solar.

Su tacto era suave y el aroma de la crema solar era relajante. Volví a cerrar los ojos y me relajé. Podía oír el **sonido** de sus movimientos, pero no abrí los ojos. Me contenté con estar tumbado al sol, escuchando el sonido de las olas **que chocaban** contra la orilla. Después de unos minutos, se alejó y abrí los ojos.

Questions de compréhension

1. Où se trouvait le narrateur lorsqu'il a commencé l'histoire ?

2. Que sent le narrateur lorsqu'il ouvre les yeux ?

3. Qu'entend le narrateur lorsqu'il ouvre les yeux ?

4. A qui la femme donne-t-elle de la crème solaire au narrateur ?

5. De quoi le narrateur rêve-t-il ?

6. Pourquoi la baignade dans la mer est-elle si spéciale pour le narrateur ?

7. quelle est la sensation de l'eau dans laquelle nage le narrateur ?

8. Que voit le narrateur quand il sort de l'eau ?

Preguntas de comprensión

1. ¿Dónde estaba el narrador cuando comienza la historia?

2. Qué huele el narrador cuando abre los ojos?

3. ¿Qué oye el narrador cuando abre los ojos?

4. De quién es el protector solar que la mujer le da al narrador?

5. ¿Con qué sueña el narrador?

6. ¿Por qué nadar en el océano es tan especial para el narrador?

7. ¿Cómo se siente el agua cuando el narrador nada en ella?

8. ¿Qué ve el narrador cuando sale del agua?

Tonte de la pelouse

Il est 10 heures du matin, un **samedi d'**été, et le soleil tape déjà sans pitié. Vous vous frayez un chemin jusqu'au garage pour aller chercher la tondeuse à gazon, avec l'impression d'être **condamné** aux travaux forcés. Vous commencez à tondre la pelouse, en veillant à aller doucement pour ne pas manquer d'endroits. Pendant que vous tondez, vous pensez à tout le bien que cela fait d'être dehors à l'air frais. Alors que vous commencez à pousser la tondeuse d'avant en arrière sur la pelouse, vous apercevez votre voisin du coin de l'**œil**. Vous lui faites signe et lui dites bonjour, et il vous répond.

Après quelques minutes, vous avez terminé, et vous vous rendez chez votre voisin pour prendre une bière avec lui dans le jardin de devant. C'est une journée **parfaite**, il ne fait pas trop chaud et une légère brise souffle. Vous êtes assis à l'ombre de l'arbre, sirotant votre bière et discutant avec votre voisin. Ce sont des jours comme celui-ci qui vous font apprécier l'été. Puis vous rentrez à l'intérieur pour prendre une bière bien méritée. Vous vous installez sur une chaise sous le porche et ouvrez la canette, en poussant un soupir de satisfaction. Le bruit de la tondeuse s'estompe et vous vous détendez à l'ombre, profitant de la **tranquillité**

Cortar el césped

Son las 10 de la mañana de un **sábado** de verano y el sol ya está pegando sin piedad. Te diriges al garaje para coger el cortacésped, con la sensación de estar **condenado** a realizar trabajos forzados. Empiezas a cortar el césped, asegurándote de ir despacio para no perder ningún punto. Mientras cortas, piensas en lo bien que te sientes al aire libre. Cuando empiezas a empujar el cortacésped de un lado a otro del césped, ves a tu vecino de **reojo**. Le saludas con la mano y él te devuelve el saludo.

Después de unos minutos, has terminado y te diriges a la casa de tu vecino para tomar una cerveza con él en el jardín delantero. Es un día **perfecto**: no hace demasiado calor y sopla una suave brisa. Te sientas a la sombra del árbol, bebes tu cerveza y charlas con tu vecino. Son días como éste los que te hacen apreciar el verano. Luego entras a tomar una merecida cerveza. Te tumbas en una silla del porche y abres la lata, dejando escapar un suspiro de satisfacción. El sonido del cortacésped pasa a un segundo plano mientras te relajas a la sombra, disfrutando de la **tranquilidad del** momento. La cerveza sabe muy bien después de todo el trabajo duro en el calor. Estaba a punto de entrar cuando oigo un ruido en la puerta de al lado.

du moment. La bière a un goût extra bon après tout ce dur travail dans la chaleur. J'étais sur le point de rentrer quand j'ai entendu un bruit à côté.

On aurait dit que quelqu'un pleurait. J'ai arrêté de tondre et j'ai marché jusqu'à la clôture qui séparait nos jardins. J'ai jeté un coup d'œil par-dessus et j'ai vu ma voisine, Mme Johnson, pleurer sur sa balançoire sous le porche. Je l'ai appelée, mais elle ne m'a pas entendue. J'ai escaladé la clôture et j'ai marché jusqu'à elle. "Mme Johnson, vous allez bien ?" J'ai demandé. Elle a levé les yeux vers moi, les larmes aux yeux, et a secoué la tête. "Non, je ne vais pas bien", a-t-elle dit. "Mon chat est mort hier." J'étais choquée. Je n'ai pas su quoi dire. Je suis restée là, maladroitement, sans savoir quoi faire. Finalement, j'ai posé ma main sur son **épaule** et j'ai dit : "Je suis vraiment désolée, Mme Johnson. Si je peux faire quelque chose pour vous aider, faites-le moi savoir". "Elle a secoué la tête et a dit : "Non, il **n'y a rien que** personne ne puisse faire". Puis elle s'est levée et est entrée dans sa maison. Je suis resté là un moment, ne sachant pas quoi faire. Puis je suis retourné tondre ma pelouse. En terminant, je n'ai pu m'empêcher de penser à Mme Johnson et à son chat.

Parecía que alguien estaba llorando. Dejé de cortar el césped y me acerqué a la valla que separaba nuestros patios. Me asomé y vi a mi vecina, la señora Johnson, llorando en el columpio de su porche. La llamé, pero no me oyó. Trepé por la valla y me acerqué a ella. "Sra. Johnson, ¿está usted bien?" le pregunté. Me miró con lágrimas en los ojos y negó con la cabeza. "No, no estoy bien", dijo. "Mi gato murió ayer". Me sorprendió. No sabía qué decir. Me quedé de pie, sin saber qué hacer. Finalmente, le puse la mano en **el hombro** y le dije: "Lo siento mucho, señora Johnson. Si hay algo que pueda hacer para ayudar, por favor hágamelo saber". "Ella negó con la cabeza y dijo: "No, **no hay nada** que nadie pueda hacer". Luego se levantó y entró en su casa. Me quedé allí un momento, sin saber qué hacer. Luego volví a cortar el césped. Mientras terminaba, no pude evitar pensar en la señora Johnson y su gato.

Questions de compréhension

1. Quelle heure est-il ?

2. Où se trouve la personne qui tond ?

3. Comment la personne se sent-elle ?

4. Pourquoi la personne doit-elle tondre lentement ?

5. Quel est le temps qu'il fait ?

6. Que fait la personne après avoir fauché ?

7. Qu'entend la personne avant de rentrer chez elle ?

8. Qui est avec Mme Johnson ?

9. Pourquoi Mme Johnson pleure-t-elle ?

Preguntas de comprensión

1. ¿Qué hora es?

2. ¿Dónde está la persona que corta el césped?

3. ¿Cómo se siente la persona?

4. ¿Por qué la persona tiene que segar lentamente?

5. ¿Qué tiempo hace?

6. ¿Qué hace la persona después de segar?

7. ¿Qué oye la persona antes de volver a casa?

8. ¿Quién está con la señora Johnson?

9. ¿Por qué llora la Sra. Johnson?

Se faire couper les cheveux

Cela faisait des semaines que je voulais me faire couper les cheveux, mais j'arrivais toujours à remettre ça à plus tard. Mais à l'approche de **Noël, je** savais que je ne pouvais plus attendre. Je ne voulais pas me présenter au dîner de Noël de ma famille avec une coiffure débraillée. Alors, tôt le matin de Noël, je me suis rendue au salon. Même s'il était tôt, le salon était déjà occupé par d'autres personnes qui **se faisaient** coiffer pour les fêtes. J'ai pris ma place dans la file d'attente et j'ai attendu mon tour. Enfin, c'était mon tour sur la chaise. La styliste, une femme sympathique nommée Jill, m'a demandé ce que je voulais. "Juste une coupe, rien de trop radical", ai-je répondu. Jill s'est mise au travail, coupant mes cheveux. Pendant qu'elle travaillait, j'ai commencé à me détendre. C'était bon de prendre enfin soin de moi. J'avais été tellement occupé ces derniers temps, à courir partout pour m'occuper de tout le monde, que j'avais laissé mes propres besoins de côté. Mais plus **maintenant**. A partir de maintenant, j'allais prendre du temps pour moi.

Lorsque Jill a terminé, je me suis regardée dans le miroir et j'étais ravie de ce que je voyais. Mes cheveux étaient soignés et polis, parfaits pour les fêtes de fin

Cortarse el pelo

Llevaba semanas queriendo cortarme el pelo, pero siempre me las arreglaba para posponerlo. Pero con **la Navidad a** la vuelta de la esquina, sabía que no podía posponerlo más. No quería llegar a la cena de Navidad de mi familia con un aspecto desaliñado. Así que, a primera hora de la mañana de Navidad, me dirigí a la peluquería. Aunque era temprano, la peluquería ya estaba ocupada con otras personas que se **estaban** peinando para las fiestas. Me puse en la cola y esperé mi turno. Finalmente, me tocó el turno de la silla. La estilista, una amable mujer llamada Jill, me preguntó qué quería. "Sólo un recorte, nada demasiado drástico", respondí. Jill se puso a trabajar, recortando mi pelo. Mientras trabajaba, empecé a relajarme. Me sentí bien por fin cuidando de mí misma. Últimamente había estado tan ocupada, corriendo de un lado a otro cuidando de los demás, que había dejado de lado mis propias necesidades. Pero **ya** no. A partir de ahora, iba a sacar tiempo para mí.

Cuando Jill terminó, me miré en el espejo y quedé satisfecha con lo que vi. Mi cabello se veía ordenado y pulido, perfecto para las reuniones navideñas. **Le di las gracias a Jill** y tomé nota de que volvería más a

d'année. J'ai **remercié** Jill et j'ai noté **mentalement** de revenir plus souvent. À partir de maintenant, je prendrai soin de moi d'abord et avant tout. Elle s'est mise au travail en coupant mes cheveux. J'ai pensé à combien j'étais reconnaissante d'avoir enfin pris le temps de me faire couper les cheveux. Je me sentais bien de savoir que j'allais être présentable pour le **repas de** Noël. Je n'aurais plus à m'inquiéter des taquineries de ma famille sur mon apparence "débraillée". Après quelques minutes, le coiffeur a fini de me couper les cheveux et m'a fait un rapide brushing. Je me suis regardé dans le miroir et j'étais content de ce que je voyais - un look propre qui serait parfait pour le dîner de Noël. Maintenant que ma coupe de cheveux était terminée, je pouvais me concentrer sur les vacances avec ma famille. Et j'en étais encore plus reconnaissante.

Je me suis sentie tellement **libérée** et j'ai adoré le look de ma nouvelle coupe de cheveux. Après avoir payé ma coupe, je suis rentrée chez moi et j'ai commencé à faire mes bagages pour mon voyage. J'**avais hâte** de montrer mon nouveau look à ma famille et à mes amis. Je savais qu'ils seraient surpris en me voyant. Le jour de mon vol, je suis arrivée à l'aéroport avec beaucoup de temps devant moi. J'ai passé le contrôle de sécurité sans problème et j'ai rapidement pris la route. Dès que je suis arrivé à destination, j'ai senti l'excitation dans l'air. Il y avait vraiment de l'air pour Noël !

menudo. A partir de ahora, lo primero que haré será cuidarme a mí misma. Se puso a trabajar cortando mi cabello. Pensé en lo agradecida que estaba de haberme cortado el pelo por fin. Me sentí bien al saber que estaría presentable para la **cena de** Navidad. Ya no tendría que preocuparme de que mi familia se burlara de mi aspecto "desaliñado". Después de unos minutos, el estilista terminó de cortarme el pelo y me secó rápidamente. Me miré en el espejo y me sentí feliz con lo que vi: un aspecto limpio que sería perfecto para la cena de Navidad. Ahora que mi corte de pelo había terminado, podía centrarme en disfrutar de las vacaciones con mi familia. Y estaba aún más agradecida por ello.

Me sentí muy **liberada** y me encantó el aspecto de mi nuevo corte de pelo. Después de pagar mi corte de pelo, me fui a casa y empecé a hacer la maleta para mi viaje. Me **moría de** ganas de enseñar mi nuevo look a mi familia y amigos. Sabía que se sorprenderían cuando me vieran. El día de mi vuelo, llegué al aeropuerto con tiempo de sobra. Pasé el control de seguridad sin problemas y pronto me puse en camino. En cuanto llegué a mi destino, pude sentir la emoción en el aire. Definitivamente, ¡la Navidad está en el aire!

Questions de compréhension

1. Que devait faire le protagoniste avant Noël ?

2. Que pense la protagoniste du fait de prendre soin d'elle ?

3. Qui a taillé les cheveux du protagoniste ?

4. Pourquoi la famille de la protagoniste allait-elle se moquer d'elle ?

5. Qu'a ressenti la protagoniste après s'être fait couper les cheveux ?

6. Qu'a fait la protagoniste après s'être fait couper les cheveux ?

7. Quelle a été la réaction de la famille de la protagoniste à sa coupe de cheveux ?

Preguntas de comprensión

1. ¿Qué tenía que hacer el protagonista antes de Navidad?

2. Cómo se sentía la protagonista al cuidarse a sí misma?

3. Quién recortó el pelo de la protagonista?

4. Por qué la familia de la protagonista se burlaba de ella?

5. Cómo se sintió la protagonista después de cortarse el pelo?

6. ¿Qué hizo la protagonista después de cortarse el pelo?

7. Cuál fue la reacción de la familia de la protagonista ante su corte de pelo?

Le parc

Le soleil se couchait, et le parc était vide. Je me suis assise sur un banc, attendant mon **amie**. Nous avions prévu de nous retrouver ici il y a une heure, mais elle était toujours en retard. Au moment où j'allais abandonner et rentrer chez moi, je l'ai vue courir vers moi. "Je suis vraiment désolée", a-t-elle haleté en atteignant le banc. "Mon train a été **retardé**." "C'est bon", ai-je dit **avec indulgence**. "Je viens juste d'arriver." Nous nous sommes assis et avons bavardé pendant un certain temps, prenant des nouvelles de la vie de chacun depuis notre dernière rencontre. La conversation était fluide **et nous avions** l'impression que le temps n'avait pas passé depuis notre dernière rencontre. Au coucher du soleil, nous nous sommes dit au revoir et avons pris des chemins différents. La fois suivante où nous nous sommes rencontrés, c'était dans un autre parc. Encore une fois, elle était en retard, mais ça ne m'a pas dérangé. C'était agréable d'avoir quelqu'un à qui parler et qui me **comprenait**. Nous avons parlé de nos rêves et de nos **aspirations**, des choses que nous voulions faire de nos vies. Elle m'a parlé de son projet de voyager dans le monde entier, et j'ai partagé mon rêve de devenir écrivain. Alors que le soleil se couchait sur un autre jour, nous nous sommes dit au revoir une fois de plus, en promettant de rester

El parque

El sol se ponía y el parque estaba vacío. Me senté en el banco, esperando a mi **amiga**. Habíamos quedado aquí hace una hora, pero ella siempre llegaba tarde. Justo cuando estaba a punto de rendirme y volver a casa, la vi correr hacia mí. "Lo siento mucho", jadeó al llegar al banco. "Mi tren se **retrasó**". "Está bien", dije **con perdón**. "Acabo de llegar yo mismo". Nos sentamos y charlamos un rato, poniéndonos al día de la vida de cada uno desde la última vez que nos vimos. La conversación fluye con **facilidad** y parece que no ha pasado nada de tiempo desde la última vez que nos vimos. Al ponerse el sol, nos despedimos y nos fuimos por caminos distintos. La siguiente vez que nos vimos fue en otro parque. De nuevo, llegó tarde, pero no me importó. Era agradable tener a alguien con quien hablar y que me **entendiera**. Hablamos de nuestros sueños y **aspiraciones**, de las cosas que queríamos hacer con nuestras vidas. Ella me contó sus planes de viajar por el mundo, y yo compartí mi sueño de convertirme en escritor. Al ponerse el sol un día más, nos despedimos una vez más, prometiendo que esta vez nos mantendríamos en contacto.

Pasaron los años y nuestra **amistad** se mantuvo firme aunque ahora vivíamos en diferentes partes del país. Nos mantuvimos en contacto a través de cartas

en contact cette fois-ci.

Les années ont passé, et notre **amitié** est restée forte, même si nous vivions désormais dans des régions différentes du pays. Nous sommes restés en contact par des lettres et des appels téléphoniques occasionnels, partageant les nouvelles de nos vies respectives. Lorsqu'elle a annoncé qu'elle allait se marier, je n'ai pas été **surpris** - elle avait toujours été du genre **aventureux**. Mais lorsqu'elle m'a demandé si j'accepterais d'être sa demoiselle d'honneur à la cérémonie de son mariage qui se déroulait à l'autre bout du monde, loin de chez moi... il a fallu la convaincre ! En fin de compte, je ne pouvais pas laisser ma meilleure amie se marier sans moi à ses côtés, alors malgré mes craintes (et après qu'elle m'ait beaucoup suppliée !), j'ai **accepté de participer à** ce qui s'est avéré être l'**aventure** de ma vie.

Le jour du **mariage** est enfin arrivé. J'étais nerveux, mais excité de faire partie d'un moment si important dans la vie de mon amie. La cérémonie était magnifique, et elle avait l'air heureuse en prononçant ses vœux. **Ensuite,** nous avons fait une grande fête - on aurait dit que tous ses proches étaient venus célébrer avec elle ! C'était un jour **magique** que je n'oublierai jamais, et notre amitié n'a fait que se renforcer après cette aventure. Aujourd'hui, des années plus tard, nous restons toujours en contact.

y llamadas telefónicas ocasionales, compartiendo noticias de nuestras vidas. Cuando anunció que se iba a casar, no me **sorprendió**, ya que siempre había sido una **aventurera**. Pero cuando me pidió que fuera su dama de honor en la ceremonia de su boda, que se celebraba al otro lado del mundo desde donde yo vivía... ¡hubo que convencerla! Al final, no podía dejar que mi mejor amiga se casara sin estar a su lado, así que, a pesar de mis temores (¡y tras muchas súplicas por su parte!), acepté acompañarla en lo que resultó ser la **aventura** de su vida.

Por fin llegó el día de la **boda**. Estaba nerviosa, pero emocionada por formar parte de un momento tan importante en la vida de mi amiga. La ceremonia fue preciosa, y ella parecía feliz mientras decía sus votos. **Después**, lo celebramos con una gran fiesta: ¡parecía que todos sus conocidos habían venido a celebrarlo con ella! Fue un día **mágico** que nunca olvidaré, y nuestra amistad no hizo más que fortalecerse después de aquella aventura. Ahora, años después, seguimos en contacto.

Questions de compréhension

1. Où l'auteur et son ami se sont-ils rencontrés pour la première fois ?

2. Pourquoi l'ami de l'auteur était-il en retard à leur réunion ?

3. De quoi les amis ont-ils parlé lorsqu'ils se sont retrouvés des années plus tard ?

4. Qu'a ressenti l'auteur en assistant à la cérémonie de mariage de son amie ?

5. Décrivez le cadre de la cérémonie de mariage.

6. Comment l'amitié entre les deux femmes a-t-elle évolué au fil du temps ?

7. Quel est le rêve de l'auteur ?

8. Où l'ami de l'auteur prévoit-il de voyager ?

Preguntas de comprensión

1. ¿Dónde se conocieron la autora y su amiga?

2. Por qué la amiga de la autora llegó tarde a su encuentro?

3. De qué hablaron las amigas cuando se reencontraron años después?

4. Cómo se sintió la autora al asistir a la ceremonia de boda de su amiga?

5. Describe el escenario de la ceremonia de la boda.

6. Cómo ha cambiado la amistad entre las dos mujeres a lo largo del tiempo?

7. ¿Cuál es el sueño de la autora?

8. ¿Dónde piensa viajar la amiga de la autora?